Ulrike Herle
Selbstverteidigung beginnt im Kopf

SERIE PIPER
Band 1721

Zu diesem Buch

Not- und Gefahrensituationen lösen Angst und oft Panik aus. Frauen beim nächtlichen Heimweg, auf einsamen Spaziergängen oder allein auf Reisen kennen das zur Genüge. Wenn sie in einer solchen Situation von einem Mann angegriffen werden, verharren sie erfahrungsgemäß meist in einem Gefühl von Ohnmacht und Hilflosigkeit und sind nicht in der Lage, sich zur Wehr zu setzen bzw. zielgerichtet zu verteidigen.

Dagegen setzt dieses Buch seine Thesen: Gefühle sind ein schlechter Schutz; es gilt, die Waffe des Verstandes einzusetzen, ein Potential, das Frauen beim vorausschauenden Vermeiden von Gefahren ebenso wie in der Situation selbst viel zu wenig nutzen. Selbstbehauptung und Selbstverteidigung müssen in Verhaltensweisen wie in den Methoden durchdacht, situationsgerecht, zielgerichtet und trainiert sein. Dieses Buch hilft umzudenken und eine neue Einstellung zu Abwehr und Angriff zu gewinnen, bietet aber auch praktische Hinweise und Übungen.

Ulrike Herle, M. A., geboren 1954 in Königstein/Ts. Sozialwissenschaftlerin, seit sieben Jahren Trainerin für Selbstverteidigung und Selbstbehauptung für Frauen und Mädchen in der Erwachsenenbildung, an Schulen und in Betrieben.

Ulrike Herle

Selbstverteidigung beginnt im Kopf

Ein psychologischer Ratgeber
mit praktischen Übungen

Mit 22 Fotos von
Ebtehag Becheir

Piper
München Zürich

SERIE PIPER
FRAUEN

Redaktion: Ingrid Veblé-Weigel

ISBN 3-492-11721-X
Originalausgabe
April 1994
© R. Piper GmbH & Co. KG, München 1994
Umschlag: Federico Luci,
unter Verwendung eines Fotos von Sabine Hintz
(© Sabine Hintz)
Gesamtherstellung: Clausen & Bosse, Leck
Printed in Germany

INHALT

Einführung	7
Auge in Auge – die Geschichte einer Frau	23
Das erste Prinzip der Selbstverteidigung: Die eigenen Grenzen wahrnehmen	27
Angst – Hemmnis und Warnsignal	35
Das zweite Prinzip der Selbstverteidigung: Sich schützen und Gefahren vermeiden	45
Der Beschützer – die Beschützte	61
Das dritte Prinzip der Selbstverteidigung: Die eigenen Grenzen verteidigen	77
Ich bin so schwach – du bist so stark	107
Literatur	116
Danksagung	117

Einführung

Als ich vor sieben Jahren begann, Selbstverteidigungs- und Selbstbehauptungsseminare für Frauen und Mädchen durchzuführen, wurde ich quasi vom einen auf den anderen Tag mit den verschiedensten Erlebnissen von Einschüchterung, Bedrohung, Gewalt sowie mit den Angstvorstellungen der Teilnehmerinnen konfrontiert.

Manchmal, wenn ich mich am Ende eines Kurses auf den Heimweg machte, fühlte ich mich überhaupt nicht wohl in meiner Haut. Gesprächsfetzen trieben ihr Unwesen in meinem Kopf. Angstgefühle gewannen die Oberhand in meinem Körper. Männer, die mir auf der Straße begegneten, lösten plötzlich Gefühle von Angst und Ohnmacht in mir aus. Schritte, die ich hinter mir vernahm, beunruhigten mich und setzten Phantasien in Gang. Mein eigenes Warn- und Schutzsystem ließ mich in einem vorher nicht gekannten Ausmaß im Stich.

Ich begriff: Wollte ich weiterhin Frauen und Mädchen die Möglichkeit geben, in meinen Seminaren über Erfahrungen von Ängsten und über ihre Erlebnisse zu sprechen, mußte ich mir selber konkrete Möglichkeiten schaffen, mein durcheinandergeratenes Warn- und Schutzsystem neu zu gestalten. Eine Technik, die mir in der konkreten Situation half, war Selbstverteidigung im Kopf zu trainieren.

Stellten sich auf dem Heimweg von einem Kursabend mit großer Mächtigkeit Gedanken und Gefühle ein wie »Männer sind immer stärker als du« oder »du hast keine Chance als Frau«, ließ ich mich nicht davon überwältigen, sondern ging aktiv gegen die aufkommenden Gefühle von Unterlegenheit und Ausgeliefertsein an.

In einem ersten Schritt nahm ich die Umgebung genau in Augenschein, schaute mich um, machte mich kundig, ob weitere Personen unterwegs waren.

Dann überlegte ich mir drei Möglichkeiten, die ich als erwachsene Frau habe, um mich zu schützen und zu wehren: Ich werde die Straßenseite wechseln; ich werde laut schreien; ich stelle mir vor, wie ich gezielt mit dem Fuß trete und treffe.

Auf dem nächtlichen Nachhauseweg stellte ich wie in einem Zwiegespräch den Bezug zur Realität wieder her, indem ich mich in aller Konkretheit an meine Möglichkeit des Schutzes und der Verteidigung als erwachsene Frau erinnerte.

Ich lernte also an mir selbst, daß die Gefühle von Ausweglosigkeit und Ausgeliefertsein mir den Bezug zu meinen eigenen Fähigkeiten und Fertigkeiten, mich zu schützen und zu wehren, zu nehmen drohen. Daß ich aber die Gefühle, wenn sie mich überschwemmen, in den Griff bekommen kann, indem ich ihnen meine Fähigkeit, für mich zu denken und zu planen, entgegensetze.

Die Berichte und Aussagen von rund zweitausend Mädchen und Frauen lassen mich heute folgendes behaupten: Eines der größten Hindernisse für den Selbstschutz und die Wehrhaftigkeit von Frauen und Mädchen besteht darin, daß diese eben in diesen Gefühlen von Ohnmacht und Ausgeliefertsein verharren und ihnen der Zugriff auf vorhandenes Potential unzureichend oder gar nicht gelingt. Frauen, so meine Feststellung, hören auf zu denken, wenn es um die Verantwortung und Planung ihres eigenen Schutzes mit Hilfe ihrer eigenen Möglichkeiten geht.

Dafür gibt es Gründe. Welche Frau kennt nicht den Satz: Ein anständiges Mädchen braucht keine Angst zu haben (sprich: wenn sie »brav« ist, wird kein Mann ihr etwas antun, daher braucht sie sich um eventuellen Schutz keine Gedanken zu machen). Eine große Rolle spielt auch, was ohne Worte von Generation zu Generation weitergegeben wird: die unverarbeiteten Gefühle aufgrund eigener Gewalterlebnisse, das Erleben, daß Frauen und Mädchen »eben männlicher Gewalt ausgesetzt« sind, Schuldzuweisungen im Stile von »sie wird ihn schon provoziert haben«. In den folgenden Kapiteln bringen Frauen und Mädchen die vielen Gründe zur Sprache, warum sie auf eigene, geplante Schutzvorkehrungen verzichten.

Doch selbst dann, wenn Frauen und Mädchen ihre Selbstbehauptung und Selbstverteidigung selber vorauszudenken und zu planen beginnen, stellen sich Widerstände ein. Im extremen Fall brechen sie einen Kurs ab, wenn sie merken: Der Selbstverteidigungskurs gibt ihnen keine vorgefertigten Rezepte an die Hand, sondern fordert sie auf, selbst zu denken, Strategien für sich in Übereinstimmung mit ihrer eigenen Person zu entwickeln. Andere würden lieber auf Männer schimpfen und reagieren zunächst ungehalten, wenn sie erfahren, daß das Festhalten am Feindbild Mann zwar zu einer sehr emotionalen Selbstverteidigung befähigt, nicht aber zu einem differenzierten und situationsgerechten Verhalten. Enttäuscht werden auch diejenigen Frauen, die als Kind oder auch Erwachsene Gewalt erfahren mußten und sich Hoffnungen machen, sich in einem Selbstverteidigungskurs von den verbliebenen Ängsten und Verunsicherungen gänzlich zu befreien. Ungehalten reagieren Frauen hin und wieder, wenn sie nicht sofort und auf die Schnelle zuzuschlagen lernen. Das beruht meiner Meinung nach auf dem größten Mythos, der zu diesem Thema existiert: Zentrales Anliegen in der Selbstverteidigung sei es, Kampftechniken zu vermitteln und zu trainieren.

Sicher lernen Frauen auch in meinen Kursen, ihren Körper gezielt als Waffe einzusetzen. Doch liegt der Schwerpunkt darauf, daß Frauen auch im Kampf ihren Verstand als die eigentliche Waffe nutzen. Sie erfahren in den Übungskämpfen, wie leicht sie dazu bereit sind, ihren Gefühlen freien Lauf zu lassen und wild und unentschlossen zuzuschlagen.

Frauen sind entgegen dem weitverbreiteten Klischee schnell und vor allem unüberlegt zum Zurückschlagen bereit. Nicht zuletzt provozieren sie damit ungewollt die körperliche Auseinandersetzung mit Männern. In die Defensive gedrängt, gehen sie leicht dazu über, den Angreifer zurückzuschubsen. Ein

Zurückschlagen oder Zurückschubsen seinerseits bleibt dabei fast nie aus.

Selbstverteidigung für Frauen heißt nach gängiger Meinung von Frauen und auch Männern: Schlag- und Kampftechniken trainieren, Kniffe und Tricks lernen, Befreiungsgriffe einstudieren. Dies aber kann und soll in Wirklichkeit nicht das erste Anliegen von Frauenselbstverteidigung sein. Denn impliziert wird, daß Frauen in Selbstverteidigungkursen oder mit Hilfe von Büchern Kräfte und Techniken entwickeln sollen und können, Männern mit ihrem Körper und ihrer Körperkraft entgegenzutreten, sich sozusagen »wie ein Mann« im Kampf mit dem Mann zu messen.

Gewalt gegen Frauen und Mädchen ist jedoch ein zu komplexes Problem, als daß es auf Kampf und Schlagtechniken reduziert werden könnte. Die Chancen, daß Frauen und auch Mädchen im Nahkampf bestehen, vor allem wenn sie trainierte Techniken einsetzen, sind nicht gleich Null; Frauen können dies bisweilen leisten. Dennoch würden wir uns als Frauen etwas vormachen, sähen wir uns im Nahkampf gewöhnlich als Siegerinnen hervorgehen. Das ist ein Wunschbild von Frauen, wie in vielfältiger Weise die Frauenfiguren in Science fiction-Romanen belegen: stark, listig genug, jegliche Form männlicher Gewalt spielend abzuwehren. Was sich in der Utopie vollzieht, nämlich die Aufhebung der biologischen körperlichen Unterlegenheit zugunsten von Frauen, hat wenig mit dem zu tun, was Frauen real in ihrem Alltag erleben, fühlen und wie sie handeln.

Das Herzstück einer Selbstverteidigung für Frauen und Mädchen muß der momentanen Situation Rechnung tragen, und es besteht darin, eine körperliche Auseinandersetzung zu vermeiden bzw. mit adäquaten Mitteln auf das Ende eines Kampfes hinzuwirken und, besonders, eine Eskalation zu verhindern.

Liebe Leserinnen, gehen Sie mit auf eine abenteuerliche Reise unter dem Motto: Frauen planen ihre Sicherheit durchdacht und pragmatisch. Oder: Selbstbehauptung und Selbstverteidigung beginnen im Kopf.

Schämen Sie sich eigentlich selber – oder gar für den Mann –, wenn die Blicke eines Mannes Sie ausziehen? Oder machen Sie ihm gegenüber nachdrücklich Ihrem Ärger über seine Unverschämtheit Luft?
Das erste Prinzip: die eigenen Grenzen erkennen.

Haben Sie schon einmal Ihren Freund oder Mann explizit gefragt, ob er Sie gegen Anmache oder Bedrohung durch einen anderen schützen würde? Nein? Haben auch Sie sich einfach stillschweigend auf den männlichen Schutz verlassen? Oder aber haben Sie sich schon Gedanken über Schutzvorkehrungen gemacht, die Sie selber treffen können?
Das zweite Prinzip: sich schützen, Gefahren vermeiden.

Glauben auch Sie, daß Hilferufe nichts bewirken, weil darauf sowieso niemand reagiert? Ja? Oder haben Sie statt dessen schon einmal versucht, Ihre Stimme als Waffe einzusetzen, mit einem lauten Schrei einen lästigen Kerl in die Flucht zu schlagen?
Das dritte Prinzip: die eigenen Grenzen verteidigen.

Bevor wir die Reise zu unseren drei Prinzipien der Selbstbehauptung und Selbstverteidigung beginnen, werfen wir noch einen Blick darauf, wie es angefangen hat.

Ein Blick zurück auf die Anfänge

Frauen stoßen langsam, aber unaufhaltsam in Bereiche vor, die traditionell männliches Privileg waren, beispielsweise in handwerkliche Berufe, ins Management oder in Clubs, in denen Frauen früher nur als Gattinnen oder Angestellte zu finden waren; auch alleinreisende Frauen und Abenteurerinnen sind im Kommen. Wir leben schließlich in modernen Zeiten. Beiden Geschlechtern werden, jedenfalls nach dem Gesetz und verbal, die gleichen Rechte zugestanden.

Da erscheint die ehedem rechtlich abgesicherte Überlegenheit des Mannes und seine Fähigkeit, die Frau körperlich zu bedrohen, wie ein Relikt aus früheren Zeiten. Der Mann scheint kaum mehr die Frau in ihren Freiräumen einschränken zu können – doch der Schein trügt. Gerade weil Frauen zunehmend ihren Handlungsspielraum erweitern, muß daran erinnert werden: Die Bedrohung wirkt nach wie vor. Frauen und Mädchen erleben tagtäglich Gewalt durch Männer. Das Gewaltpotential und die Gewalt sind zum Bestandteil des Denkens, Fühlens und Handelns sowohl der Frauen und Mädchen als auch der Männer geworden. Diese Tatsache trägt heute noch dazu bei, das Vertrauen der Mädchen und Frauen in sich selbst zu untergraben, sie ihre Möglichkeiten in persönlicher wie beruflicher Hinsicht nicht voll ausschöpfen zu lassen – und auch ihre Verteidigungsfähigkeit vergessen zu lassen.

Nun ist dies nicht so zu verstehen, daß Frauen keinen Widerstand gegen männliche Bedrohung und Gewalt geleistet hätten oder leisten würden. Im Gegenteil sind viele »weibliche Eigenschaften« (Nachgiebigkeit, Angepaßtheit, die vermittelnde Art u. a. m.), wie sie sich bis heute erhalten haben, das »Produkt einer uralten komplizierten Defensive« (Sichtermann 1987). Zwar berichtet die männlich geprägte Geschichtsschreibung wenig davon, und die Frauenforschung steckt noch in den Kinderschuhen, aber im Laufe der Geschichte entwickelten Frauen und Mädchen immer wieder Verhaltensweisen zu ihrem Schutz und ihrer Verteidigung.

Das Neue in unseren Tagen ist, daß Frauen aus ihrer historischen Defensive heraustreten: Sie machen die Notwendigkeit von Selbstbehauptung und Selbstverteidigung öffentlich zum Thema. Sie klagen ihr Recht darauf ein. Sie analysieren die Verhältnisse, die Gewalt möglich machen. Frauen erklären heute in der Öffentlichkeit ihren Willen, sich selbst gegen Übergriffe und Gewalt zu wehren. Frauen haben sich zu organisieren begonnen, um sich darin auch zu trainieren und um anderen Frauen entsprechende Möglichkeiten aufzuzeigen. Die starke Nachfrage nach Selbstverteidigungskursen und Informationen aller Art zu diesem Thema ist der aktuellste und sehr eindringliche Beleg für diese Entwicklung.

Ende der sechziger Jahre entstand die sogenannte Neue Frauenbewegung. Sie war es, die Gewalt von Männern gegen Frauen und Mädchen zum Thema machte – allerdings erst Mitte der siebziger Jahre. Interessanterweise waren die ersten großen Demonstrationen gegen sexuelle Gewalt und die Umzüge in den Walpurgisnächten mit der Botschaft »Frauen erobern sich die Nacht zurück« vor allem Aktionen jüngerer Frauen. Ihre Mütter, in der Kriegs- und Nachkriegszeit weit stärker von Bedrohung und Gewalt betroffen als die Töchter, verschwiegen ihre Erfahrungen und ihr Leid und verschweigen es oft bis heute.

Ein offenes Gespräch über erfahrene männliche Gewalt ist über Generationen hinweg tunlichst vermieden worden. Es gehörte zum gesellschaftlichen Tabubereich. Wenn Frauen heute über erlebte Gewalt durch einen Mann sprechen, dann tun sie es oft nur unter vorgehaltener Hand. Sind sie sich der Unzulässigkeit, der Anmaßung oder auch der körperlichen Bedrohung durch einen Mann bewußt, passiert es eher selten, daß sie ihn mit ihrem Ärger konfrontieren, und schon gar nicht in Anwesenheit anderer.

Inzwischen wird die Gewalt gegen Frauen und Mädchen als wichtiges und folgenschweres gesellschaftliches Problem gesehen. Daß noch vor nicht allzu langer Zeit regelrechte Hetzkampagnen gegen Frauen geführt wurden, die darüber sprachen, ist weitgehend vergessen.

Als damals die Auseinandersetzung mit dem Thema begann, stand zunächst die sichtbare und selbsterlebte Gewalt im Vordergrund: Es entstanden autonome Frauenhäuser. Die ersten

Notrufe für vergewaltigte Frauen wurden eingerichtet. Und seit Mitte der siebziger Jahre gibt es die jährlich stattfindenden Umzüge in der Walpurgisnacht.

Schon in der Anfangsphase der Gewaltdiskussion werden die ersten Selbstverteidigungskurse von Frauen für Frauen angeboten. Es wächst das Bewußtsein für die Notwendigkeit, sich selbst und andere Frauen aus eigener Kraft zu schützen. Immer mehr wird die traditionelle Annahme hinterfragt, sich vertrauter männlicher Begleiter gegen die Gewalt anderer Männer zu versichern. Immer stärker dringt in das Bewußtsein auch der Öffentlichkeit, daß durchaus nicht nur in Einzelfällen Beschützer ihre Rolle ihrerseits zu Übergriffen gegen die ihnen anvertraute Frau nützen, und das nicht zuletzt deshalb, weil die Männer von der ihnen übertragenen Rolle des Beschützers entsprechende Besitz- und Verfügungsrechte über Frauen ableiten.

Je intensiver sich die Frauen mit der erlebten Gewalt beschäftigten, desto mehr schärfte sich ihr Blick für die subtileren, nicht sofort mit Gewalt in Beziehung stehenden Vorkommnisse: für die Abwertung aller weiblichen Fähigkeiten, den Sexismus in der Werbung und in vielen Witzen, für die vielen Formen sexueller Belästigung am Arbeitsplatz. Daneben geriet immer mehr ins Blickfeld, daß Frauen sich nicht auf die Anklage männlicher Überlegenheitsgefühle und männlicher Gewalt beschränken müssen. Daß sie sich vielmehr auch ihrer eigenen Potentiale und Leistungen bewußt werden können und sollen, einschließlich der Möglichkeit von Selbstbehauptung und Selbstverteidigung.

Männer werden dadurch nicht aus ihrer Verantwortlichkeit für ihre Haltung und ihr Tun gegenüber Frauen entlassen. Aber die Frauen erkennen: Die Opferrolle ist kein schicksalhaftes weibliches Los. Diese neue Sichtweise ermutigt, sich zu widersetzen und zu behaupten. Sie lädt dazu ein, das gewohnte Denken und Verhalten in Frage zu stellen. Sich vom Gewohnten abzunabeln, weitet den Blick für unentwickelte

Möglichkeiten, verlangt allerdings Frauen auch Neuorientierungen ab.

Selten werden Frauen, wenn sie nach einem eigenständigen, von den Männern unabhängigen Bewußtsein suchen, auf Unterstützung bei Männern oder auch Frauen stoßen. Ein nicht zu unterschätzender Teil der Bestätigung, die Frauen von Männern erhalten, beruht nämlich auf ihrem Stillhalten: daß sie mitschweigen, wenn Frauen benachteiligt oder bedroht werden. Daher halten viele Frauen still, obwohl sie dies keineswegs vor Benachteiligung oder Bedrohung schützt.

Weitere Aspekte machen das Aufbegehren schwer: Die seit Generationen bestehenden gesellschaftlichen Verhaltensnormen geben den Männern die Macht über die Grenzen von Frauen wie Mädchen. Und die Männer begehen völlig selbstverständlich und unbelastet Übergriffe gegen Frauen.

All dies spricht dafür, daß die Frauen trotz aller gegenteiligen Beteuerungen gesellschaftlich, politisch und emotional noch immer als zweitrangig betrachtet werden. Frauen formulieren heute ihr Recht auf seelische und körperliche Unversehrtheit, auf Anerkennung ihrer Fähigkeiten und Bedürfnisse. Eben dies bekundet zugleich, daß sie gegen männliche verbale bzw. körperliche Aggressivität wenig ausrichten, daß sie kaum Verhaltensweisen entwickelt haben, die dieser Aggressivität gewachsen wären, daß sie noch lange nicht in der Lage sind, gesellschaftliche Normen und Werte in ihrem Sinne zu beeinflussen.

Vor diesem Hintergrund ist der Aufschwung der Selbstverteidigung für Frauen und Mädchen Ende der achtziger bzw. Anfang der neunziger Jahre zu verstehen: Frauen und Mädchen werden sich immer mehr ihrer Rechte und Ansprüche bewußt, stoßen aber häufig auf Grenzen. Ein grundlegendes Hindernis ist, daß ihre seelische und körperliche Unversehrtheit nicht garantiert ist. Männliches Imponiergehabe, frauenfeindliche Witze bis hin zu tätlichen Übergriffen während der Ausbildung oder am Arbeitsplatz führen beispielsweise dazu, daß

Mädchen und Frauen bis heute Ausbildungen oder Studiengänge in »Männerberufen« abbrechen oder männlich geprägte Berufsfelder überhaupt meiden.

Immer mehr aber wollen sich mit diesen Grenzen nicht abfinden. Sie lesen Bücher über Selbstverteidigung, trainieren in Kursen ihre Durchsetzungsfähigkeit und ihre Selbstbehauptung.

Die Selbstverteidigungsszene hat sich seit ihren Anfängen in den siebziger Jahren, die von Ideen der Frauenbewegung geprägt waren, stark verändert. Entwickelt haben sich seither zwei Lager: Auf der einen Seite stehen diejenigen, die mit den Ursprüngen verbunden blieben und die fordern, daß Frauenselbstverteidigung nur von Frauen vermittelt werden könne und dürfe. Auf der anderen Seite gibt es die privaten Kampfsportinstitute und Sportvereine, in denen Männer auch Frauenselbstverteidigung unterrichten. Dieser jüngere Zweig hat vom Umfang her die ursprüngliche Richtung längst überrundet. Beide Lager existieren nebeneinander; ihre Konzepte sind nicht miteinander vereinbar. Die Frauen aber, auf der Suche nach Selbstverteidigungsprogrammen, nehmen beide Angebote wahr.

Vor rund zwanzig Jahren gründeten in Deutschland Frauen Gruppen, wo sie sich in Verteidigungstechniken üben konnten. Ausgebildete Trainerinnen gab es zu jener Zeit in Deutschland noch nicht. In Kanada hatten Frauen schon früher begonnen, eine Form der Selbstverteidigung zu entwickeln, die auf die Psyche und die Körperlichkeit von Frauen abgestimmt war. Sie griffen dafür zurück auf die Körpertechniken der verschiedenen Richtungen asiatischer Kampfkünste, die zur gleichen Zeit in Europa, in den USA und in Kanada Fuß zu fassen begannen, wie Karate, Judo, Aikido und Jiu-Jitsu. Die erste eigenständige Schule der Selbstverteidigung von Frauen für Frauen entstand in Abgrenzung zu diesen asiatischen Kampfsportarten, und zwar innerhalb der autonomen Frauenbewegung, der sie verbunden blieb. Daher erklärt sich der Name »Wen do«: »wen«

ist die aus dem Englischen abgeleitete und verkürzte Form von »women« (Frauen), »do« leitet sich von der Lehre des Bushido her und bedeutet »Weg des Kriegers zur Perfektion«. Wen do ist also der »Weg der Frauen zur Vervollkommnung« ihrer Kampfkunst. Die Vertreterinnen selber sprechen von »dem Weg der Frauen«.

Die Integration asiatischer Kampftechniken bietet sich aus zwei Gründen für die Selbstverteidigung von Frauen und Mädchen an: Erstens findet sich in den Kampfkünsten wie Judo, Aikido und Karate eine Vielzahl von Techniken ohne Waffen. Es ist ein wesentliches Element, den Körper mit all seinen Möglichkeiten einzusetzen, den Gegner ohne Gebrauch von Waffen bewegungsunfähig zu machen. Der zweite Grund ist die mentale Schulung, die psychologische Vorbereitung, die diesen fernöstlichen Techniken zugrunde liegt. Oberstes Ziel dieser mit den körperlichen Übungen eng verbundenen psychologischen Vorbereitung ist es, die intuitive Wahrnehmung zu steigern, Wachheit zu erzielen, um in jedem Augenblick auf die Herausforderungen einer gefahrvollen Realität antworten zu können.

In Deutschland gewann das Wen do immer mehr Anhängerinnen. In seiner Ausrichtung und Zielsetzung blieb es ein Bestandteil der autonomen Frauenbewegung.

Im Laufe der Zeit entstanden daneben neue, eigenständige Zentren der Selbstverteidigung, ebenfalls von Frauen für Frauen und Mädchen. Der Hintergrund dieser Trainerinnen ist neben der Frauenbewegung sehr stark die Welt des Kampfsports; sie bieten neben Selbstverteidigungskursen oft auch Kampfsportkurse nur für Teilnehmerinnen an.

Viele Frauen haben keine Vorstellung, was Selbstverteidigung sein kann und wie ein entsprechender Kursus aussieht. Sie haben keine Kriterien (wie sie beispielsweise dieses Buch im nächsten Abschnitt an die Hand gibt), um einen konkreten Kursus auf seine Tauglichkeit zu beurteilen, zumal das Angebot inzwischen vielfältig geworden ist. Denn auch traditionelle

Kampfsportinstitute und Sportvereine bieten inzwischen Frauen und Mädchen Selbstverteidigung an, die in der Regel von männlichen Trainern durchgeführt wird. Erinnern wir uns in diesem Zusammenhang der Tatsache, daß der innere und äußere Zwang zu schweigen einer der entscheidenden Gründe war, daß sich subtile und körperliche männliche Macht unbelastet und mit Selbstverständlichkeit leben ließ. Dann wird offensichtlich, daß ein männlicher Trainer für Frauenselbstverteidigung fehl am Platze ist. Die Rollenzuteilung – hier der starke, wissende Mann, da die schwache, unbedarfte Frau oder das unwissende Mädchen – spielt sich erfahrungsgemäß in mannigfacher Weise in diesen Kursen erneut ab.

Bieten Frauen Frauenselbstverteidigung an, dürfen sie nicht in Selbstgefälligkeit und Überheblichkeit ihre Sicht der Dinge zum Maßstab für alle Frauen und Mädchen machen. Erfahrungsgemäß wird sich der größere Teil der Frauen und Mädchen in einem solchen Kursus innerlich verschließen oder sich diesem Anspruch entziehen. Die Kritik macht sich nicht, um das noch einmal deutlich werden zu lassen, daran fest, daß Frauen aus einer bestimmten emotionalen, persönlichen oder politischen Haltung heraus einen Selbstverteidigungskurs anbieten. Wenn jedoch eine ausgeprägte individuelle Haltung einer Trainerin zur verbindlichen Grundlage der Arbeit mit Frauen und Mädchen wird, ist Kritik angebracht. Gleichzeitig ist es unerläßlich für jede Trainerin, sich ihrer eigenen Motive bewußt zu sein, ihre eigenen persönlichen Erfahrungen mit männlicher subtiler oder offener Bedrohung nicht zu verdrängen. Die Erfahrungen, die ihre Teilnehmerinnen zum Thema Selbstbehauptung und Selbstverteidigung zur Sprache bringen, werden sie immer wieder aufs neue zur Auseinandersetzung mit ihren eigenen Vorstellungen wie auch Kurskonzepten zwingen.

Ich persönlich halte das Konzept »von Frauen für Frauen« in der jetzigen Zeit für das richtige, beziehe mich also auf die Ursprünge der Frauenselbstverteidigung. Das heißt: Mein Ausgangspunkt ist die damalige Erkenntnis der Frauenbewegung, daß nicht nur von Fremden Gewalt gegen Frauen ausgeübt wird, sondern daß Frauen und Mädchen gerade auch durch Verwandte und Bekannte, denen sie vertrauen und auf die sie sich verlassen, bedroht sind.

Diese Erkenntnis war revolutionär, die Tatsache selbst schwerwiegend. Denn traditionell lernen Mädchen und Frauen, sich dem Schutz eines Mannes zu unterstellen. Die Erkenntnis der Frauenbewegung, daß Gewalt von vertrauten Bezugspersonen, vom Beschützer selber, droht, erwies diese Form des Schutzes als unzulänglich. Sie zeigte, daß auch die größte Anpassung an die vermuteten Anforderungen des zum Beschützer gewählten Mannes keine Garantie ist. Durchschaut wurde, daß eine solche Strategie den wichtigsten und wirkungsvollsten Schutz verhindert: nämlich daß Frauen sich auf ihre eigenen Fähigkeiten verlassen, die eigene Wahrnehmung schärfen, eigene Vorsichtsmaßnahmen und auch Verteidigungsfähigkeiten entwickeln.

Ich konzipiere und führe seit sieben Jahren Kurse für Frauen und Mädchen durch. Meiner Erfahrung nach sind sie in der gegenwärtigen Auseinandersetzung von Frauen mit männlicher Gewalt notwendig. Angesichts der inneren und äußeren Zwänge, die Frauen und Mädchen in der Vergangenheit zum Schweigen zwangen, und angesichts der Tatsache, daß in der Gegenwart erst wenige Frauen und Mädchen ihr Schweigen brechen, sind Orte zum Miteinanderreden wichtig. Der Schwerpunkt der Kurse kann auf der verbalen Behauptung (Schlagfertigkeit) liegen, auf dem Sich-bewußt-Werden der eigenen Interessen oder auf dem Training von Reaktionsfähigkeit und Körpertechniken. In jedem Fall aber müssen Selbstverteidigungskurse, die für die jeweiligen Teilnehmerinnen von Nutzen sein sollen, folgende Punkte berücksichtigen, wie ich aus meinen Kursen gelernt habe:

1. Grundlage muß ein breites Verständnis von Frauenselbstverteidigung sein, das verschiedenen Aspekten Rechnung

trägt: Viele Frauen müssen erst einmal ihr Recht erkennen, sich gegen Beleidigungen und Übergriffe zur Wehr zu setzen. Dann erst werden sie einen Sinn darin sehen, eigene Strategien der verbalen Selbstbehauptung und körperlichen Selbstverteidigung zu entwickeln.

2. Orientieren sollte sich der Kurs in erster Linie an den Erfahrungen und den Lebenssituationen der teilnehmenden Mädchen und Frauen. Denn die Teilnehmerinnen haben unterschiedliche persönliche Erfahrungen, unterschiedliche Einstellungen zur Frage männlicher Überheblichkeit und Gewalt und ihrer Bedeutung für das eigene Leben und das Leben anderer Frauen. Sie kommen mit unterschiedlichen Wünschen: nach Fitness oder nach Gesprächen über Gewalterfahrungen, nach Informationen zum Thema Männergewalt, nach Abbau ihrer Ängste und Stärkung ihres Selbstvertrauens. Schlagtechniken wollen die meisten trainieren und Tricks für die Abwehr mitbekommen.

3. Über allgemeine Diskussionen und Übungen hinaus werden die eigenen Erfahrungen besprochen. Die einen erfahren, daß nicht sie alleine betroffen sind, die anderen, daß männliche Gewalt jede Frau treffen kann. Unweigerlich tauchen Haßgefühle auf, Wut, die sich meist gegen den spezifischen Mann richtet, der einer Frau oder einem Mädchen Gewalt angetan hat oder antut. Dennoch bleibt es nicht aus, daß die Teilnehmerinnen das Gewalttätige und Zerstörende aller Männer fühlen und benennen. Daher ist es besonders wichtig, daß Frauen und Mädchen die Seminare zur Selbstverteidigung und Selbstbehauptung als geschützte Umgebung erfahren, in der sie über eigene Ängste, verdrängte und unerlaubte Gefühle und eigene Not sprechen (können) – entscheidendes Moment der eigenen Veränderung, erster Schritt hin zum Mut, Unangenehmes, Herabwürdigendes zu benennen.

4. Die Gespräche über diffuse Bedrohungsgefühle und Ängste, die Auseinandersetzung mit verdrängten Erlebnissen anderer Frauen und Mädchen oder von eigenen Erfahrungen er-

lauben es, zunehmend »die Gewalt von Männern gegen Frauen und Mädchen« differenzierter zu betrachten. Eine Sichtweise, die genau hinschaut, die die verschiedenen Formen männlicher Herabsetzung, Übergriffe oder körperlicher Gewalt gegenüber Frauen und Mädchen konkret analysiert, ermöglicht adäquate, differenzierte Reaktionen. Und sie erlaubt es, vorbeugende Verhaltensstrategien zu entwickeln.

5. Jede Kurstrainerin muß bedenken, daß in jedem Seminar mindestens eine Teilnehmerin anwesend ist, die eine direkte körperliche Bedrohung oder eine massive Gewaltanwendung erlebt hat oder auch erfährt. Notfalls sollte sie eine betroffene Teilnehmerin darauf hinweisen, daß ein Selbstverteidigungskurs als Hilfe nicht ausreichend ist.

6. Grundlage der Seminargestaltung soll eine vertragliche Abmachung mit den Teilnehmerinnen sein. Die Frauen und Mädchen verpflichten sich, wie die Trainerin, zur Verschwiegenheit, damit sich jede einzelne ihres persönlichen Schutzes gewiß ist.

7. Im Verlauf des Selbstverteidigungs- und Selbstbehauptungskurses können die Ängste und die Verunsicherung wachsen. Solche Ängste sollten besprochen werden.

8. Das Bild, das Frauen und Mädchen von sich und ihren Reaktionsweisen in Verteidigungssituationen haben, ist oft sehr schemenhaft. Rollenspiele sind hier in vielfacher Hinsicht ideal: Sie lassen erstens die Frauen und Mädchen nacherleben, daß sie bestimmte Verhaltensweisen und Strategien vorrangig einsetzen. Gleichzeitig erlauben Spielszenen, unbekannte Verhaltensvarianten zu testen. Drittens erleben die Frauen, so unglaublich es klingt, im Rollenspiel die Gefühle einer tatsächlichen Situation, und es kann viertens die oft überraschende Überlegung angestellt werden, daß der Mann einmal der körperlich Schwächere sein könnte. Fünftens übernehmen die Frauen und Mädchen die Rollen des männlichen Angreifers mit ihren für sie tabuisierten und unerlaubt aggressiven sowie macht- und kontrollbesetzten Gesten.

Auge in Auge – die Geschichte einer Frau

Es ist früher Abend. Eine Frau, 26 Jahre, steigt in ein U-Bahn-Abteil. Sie setzt sich. Nach kurzer Zeit nimmt sie die Blicke eines Mannes wahr. Nach einem kurzen Aufschauen vertieft sie sich wieder in ihr Buch. Sie spürt, wie zuerst ein leichtes, dann ein immer stärkeres Unbehagen in ihr aufsteigt. Ihr wird klar, daß der andere sie immer weiter anschaut. An der nächsten Haltestelle steigt sie aus und wartet auf die nachfolgende Bahn. Der Mann, der sie beobachtet hat, ist ebenfalls ausgestiegen. Er setzt wie sie seine Fahrt mit der nächsten U-Bahn fort. Die Frau wird immer unruhiger und fühlt sich von Minute zu Minute unwohler in ihrer Haut. Sicher ist es ein dummer Zufall. Oder kann es sein, daß er sie weiter beobachtet und tatsächlich hinter ihr her ist? Sie spürt ihre eigene Angst, verläßt die Bahn ein weiteres Mal. Der Mann bleibt ihr auf den Fersen. Sie ist sich, nachdem sie insgesamt viermal die Bahn gewechselt hat, ganz sicher, daß es kein Zufall sein kann. Er folgt ihr. Sie setzt die Fahrt fort. An ihrem Ziel angekommen, steigt der Mann ebenfalls aus. Sie entschließt sich, um Hilfe zu bitten. Sie werde verfolgt, ob er sie bitte ein Stück begleiten könne? Der von ihr angesprochene Mann sieht sich erschrocken um und geht dann, ohne ein Wort zu sagen, mit schnellem Schritt weiter. Die anderen U-Bahn-Gäste sind bereits fort. Die junge Frau fährt die Rolltreppe hinauf. Sie kennt sich in der Gegend aus. Es ist ihr Heimweg. Es werden wenige Leute unterwegs sein, das ist gewiß. Sie ist sich nun vollkommen sicher, daß er sie verfolgt, daß sie in Gefahr ist. Sie nimmt wahr, daß der Abstand zwischen ihr und dem Mann sich zunehmend verringert. Gleich wird er unmittelbar hinter ihr sein und sie packen. Es ist Wut, die in ihr aufsteigt. Blitzschnell, für den Verfolger vollkommen überraschend, dreht sie sich um. Auge in Auge stehen sie da. Sie reagiert als erste. Sie schreit ihn an, daß er verschwinden und abhauen solle. Sie hat gewonnen. Ohne ein einziges Wort zu sagen, dreht er sich um und geht.

Eine Erfolgsgeschichte am Anfang des Buches über Selbstverteidigung für Frauen und Mädchen? Ja, denn jede Frau kann eine solche Erfolgsgeschichte beisteuern. Und solche Erfolgsgeschichten zu hören vermittelt Frauen Sicherheit und Selbstvertrauen. Manche werden sich andererseits wundern, daß diese Geschichte einer Frau eine Erfolgsgeschichte sein soll, weil doch die Frau nicht, wie manche das von einer solchen Erfolgsgeschichte erwarten, selbstsicher und souverän agiert; sie kommt nicht mit einer einzigen Taktik aus, sondern probiert verschiedene Wege (Auswege) aus, um ans Ziel zu gelangen; und sie schlägt kein einziges Mal zu, sondern erhebt, nur einmal, die Stimme, und der Angreifer läßt von ihr ab.

Diese Geschichte aber ist eine Erfolgsgeschichte. Sie enthält die wesentlichen Elemente einer erfolgreichen Selbstverteidigung für Frauen: Die Frau fühlt sich unbehaglich; sie nimmt die eigenen Grenzen wahr (1. Prinzip der Selbstbehauptung und Selbstverteidigung). Ständig versucht sie, entsprechend ihrer Wahrnehmung die Gefährlichkeit der sich dauernd verändernden Situation einzuschätzen, eine eventuelle Gefahr zu erkennen, um sie vermeiden zu können (2. Prinzip). Die Frau gibt nach dem ersten gescheiterten Versuch nicht auf, nach Auswegen zu suchen, sondern versucht die von ihr wahrgenommenen Grenzen zu verteidigen, aktiv zu werden und der Gefahrensituation zu entkommen (3. Prinzip): Sie versucht, den Verfolger durch das Umsteigen abzuschütteln; sie bittet, wenn auch vergeblich, um Hilfe, und sie vertraut darauf, daß irgendwann sich ein Ausweg auftut; sie ist die erste, die schreit, und mit Erfolg.

»Auge in Auge – die Geschichte einer Frau« soll Frauen ermutigen, den eigenen Verteidigungsmöglichkeiten mehr zu vertrauen und ihren eigenen Erfolgen der Verteidigung mehr Wert beizumessen, stolz zu sein auf das, was sie getan haben und wie sie es getan haben. Wer nämlich an einen Kursus oder ein Buch über Selbstverteidigung die Erwartung auf vorgefertigte und für jede Situation passende Techniken knüpft, auf einfache Tricks und Handgriffe für alle Notfälle hofft, wird enttäuscht werden.

Strategien, Mittel und Möglichkeiten der Selbstbehauptung und Selbstverteidigung sind nämlich so vielfältig und unterschiedlich wie die Frauen, die sich zur Wehr setzen, und wie die Situationen, in denen Frauen angegriffen werden und sich verteidigen. Nur jede Frau selbst kann sich in einem Kursus, aus einem Buch die Verteidigungsmöglichkeiten heraussuchen, die für sie geeignet sind, Techniken und Tricks wählen, die sie üben will und im Notfall auch anwenden zu können glaubt.

Keine Art von Lektion in Selbstverteidigung bewahrt die einzelne Frau und das einzelne Mädchen vor ihrer eigenen Verantwortlichkeit. Ganz im Gegenteil: Sie fordert die Frauen und Mädchen dazu auf, die Verantwortung für sich selbst und das eigene Tun in Gefahrenmomenten jeder Art zu übernehmen. Das verlangt vor allem auch, die eigenen Einstellungen und Strategien der Verteidigung auf ihre Wirksamkeit und Zielgerichtetheit hin zu überprüfen, und seien die Verhaltensweisen und »Methoden« noch so oft vorgeführt und erprobt worden, beispielsweise von der Filmheldin, die wild und entschlossen mit ihren Fäusten auf die Brust des Mannes, der sie umklammert und festhält, einhämmert und für ihre Bemühungen nichts als ein müdes Lächeln erntet. Der männliche Oberkörper ist nun einmal ein äußerst stabiler Körperteil.

Das erste Prinzip der Selbstverteidigung: Die eigenen Grenzen wahrnehmen

Bewußt die eigenen Grenzen wahrzunehmen ist eine der Leitlinien der Selbstverteidigung. Die meisten Frauen und Mädchen in Selbstverteidigungskursen haben sich schon einmal in Situationen erlebt, in denen nicht sie selbst ihre Grenze bestimmten für ihren Körper und ihre Intimität, sondern andere. Das fängt an in der vollbesetzten U-Bahn, in der alle weitgehend gegen ihren Willen die Grenzen anderer überschreiten, körperliche Berührungen kaum zu vermeiden sind, und führt in den überfüllten Biergarten, in dem der Banknachbar der unbekannten oder bekannten Frau an seiner Seite näher rückt als nötig. Daß sich Frauen in solchen Momenten oft nicht sofort zur Wehr setzen, begründen sie fast immer damit, daß die Grenzüberschreitung unerwartet kam oder nicht sofort als unangenehm registriert wurde, oder auch damit, daß eine Dreistigkeit, Frechheit oder Gewaltsamkeit wie diese außerhalb der eigenen Vorstellungskraft lag. Nicht zuletzt Frauen haben Schwierigkeiten, die eigenen Grenzen eindeutig wahrzunehmen.

Zwischen Eigen- und Fremdwahrnehmung

Nicht alle denkbaren unangenehmen Situationen, in die Frauen mit Männern kommen können, sind vorab im Gespräch und im Rollenspiel zu klären. Frauen müssen also die Wahrnehmung für ihre individuellen Grenzen und ihre eigenen Verteidigungsmöglichkeiten schärfen. Es ist aber nicht für alle Frauen und Mädchen selbstverständlich und daher besonders wichtig zu betonen, daß sie das Recht haben, ihre individuellen Grenzen selbst zu bestimmen und, wenn notwendig, zu verteidigen. Eine Tatsache, die viele von ihnen sich erst erarbeiten und für sich verinnerlichen müssen.

Eine Schwierigkeit dabei ist, daß die Bewertung von Grenzüberschreitungen, von Belästigungen, Übergriffen und Gewalt, eng mit dem Selbstverständnis und der Eigenwahrnehmung der einzelnen Frau zusammenhängt. Es gibt nun einmal unterschiedliche Meinungen auch unter Mädchen und Frauen zur Frage, ob eine Grenzverletzung vorliege, welcher Art die Grenzüberschreitung sei und mit welchen Mitteln eine Frau im jeweiligen Fall reagieren könne bzw. am besten reagiere. Die einzelne Frau kann lernen, in vielen Bereichen unabhängig von der Meinung anderer im Interesse ihrer eigenen körperlichen und seelischen Unversehrtheit zu handeln.

Das folgende Beispiel zeigt, wie kompliziert in einer grenzüberschreitenden Situation das eigene Befinden, die Vorstellung von der Wahrnehmung durch die anderen und die Einschätzung der eigenen Möglichkeiten zu handeln zusammenspielen.

Eine Frau erzählt in einer Seminarrunde von Müttern mit Töchtern zwischen zehn und sechzehn Jahren die folgende Begebenheit. Sie hatte ihre damals vierzehnjährige Tochter mit einer Sprachenschule nach England geschickt; sie sollte bei einer englischen Familie wohnen. »Am ersten Morgen betritt sie das Zimmer, in dem für sie das Frühstück bereitstehen soll. Dort sitzt bereits der Gastvater beim Frühstück, bekleidet nur mit der Unterhose. Sie setzt sich dazu. Die Anwesenheit dieses unbekleideten, ihr unbekannten Mannes, der zudem kein Wort spricht, läßt sie sich derart unwohl fühlen, daß sie keinen Bissen hinunter bekommt. Kurze Zeit später verläßt sie den Raum. Sie wendet sich an den Reiseveranstalter und teilt ihm mit, daß sie in dieser Familie nicht weiter bleiben werde.« Der Reiseveranstalter akzeptiert den Willen des Mädchens und regelt die Situation in ihrem Sinne; die Eltern unterstützen ihre Entscheidung aus der Ferne. Dennoch taucht im Seminar die Frage auf: War die Situation wirklich unzumutbar, oder müßte nicht auf die anderen Gewohnheiten anderer Menschen Rücksicht genommen werden? Hätte sich nicht ein anderes gleichaltriges Mädchen erst vergewissert, ob sich die als unangenehm erlebte Situation in den folgenden Tagen wiederholt? Oder hätte das Mädchen den Hausherrn zur Rede stellen können?

Das Beispiel macht deutlich, daß eine Situation von verschiedenen Frauen unterschiedlich gesehen werden kann. Entscheidend ist, daß die betroffene Frau, das betroffene Mädchen selbst ihre Integrität, ihre Grenzen erlebt, nach außen deutlich macht, und daß dies respektiert und unterstützt wird.

Verletzt ein Mann die Grenzen einer Frau, empfindet sie dies oft als beschämend. Dies ist der Grund, warum sie dann auf eine Belästigung oder Beleidigung, auf einen Gewaltübergriff nicht offensiv reagiert, sich nicht gegen den Mann verteidigt, sondern sich eher in sich selbst zurückzieht, passiv bleibt.

Ilse ist etwa vierzig Jahre alt und berufstätig. Sie beschreibt sich als im Umgang mit Männern und Kollegen selbstbewußte und selbstsichere Frau. Nach einer Arbeitsbesprechung betrat sie einmal mit einem Kollegen und zwei weiteren ihr unbekannten Männern den Aufzug. Einen Augenblick lang meinte sie eine Männerhand an ihrem Busen zu spüren. »Ich denke zunächst, daß ich mich getäuscht habe. Kurz darauf aber greifen die Hände wieder an meine Brust. Ich war mir jetzt sicher. Es war Absicht.« Hilfesuchend schaut sie sich nach den anderen um. Haben sie denn nichts bemerkt? Das darf doch nicht wahr sein, was da geschieht? »Innerlich war ich wie erstarrt, stand regungslos da und verließ, endlich, gemeinsam mit den anderen den Aufzug.« Sie unternahm nichts, außer sich für sich und ihn im tiefsten Inneren zu schämen.

Ilses Wahrnehmung und Verhalten spiegeln wider, was vielen, vielleicht sogar allen Frauen in ähnlichen grenzüberschreitenden Situationen vertraut ist. Es ist die Aufkündigung der Scham zwischen den Geschlechtern, und es sind gerade die Frauen, die für das Verschwinden der Scham zwischen den Geschlechtern einen hohen Preis zu zahlen haben. Das Wort Scham steht hier nicht für Prüderie, sondern wird in seiner ursprünglichen Bedeutung benutzt. Scham bezeichnet die Gesamtheit der primären, der äußeren Geschlechtsorgane, das Sichtbare des weiblichen Körpers. Vor allem aber ist Scham als das Bedürfnis nach Abgrenzung und als eine Form von Schutz gegen die Übergriffe anderer zu sehen. Ihre Unfähigkeit, spontan, direkt und wirkungsvoll zu reagieren, wenn ein Mann ihre Grenzen überschreitet, begründet der weitaus größte Teil der Frauen mit der einhergehenden Verletzung ihrer Schamgrenze.

Susanne erinnert sich: »Ich war damals zwanzig Jahre, und es war meine erste Stelle. Eines Tages war ich zu einer Arbeitsbesprechung im Zimmer meines Chefs. Während der Unterredung wollte er mir unvermittelt einige ›interessante Fotos‹ zeigen, wie er sagte. Ich glaubte meinen Augen nicht zu trauen.« Das Heft, das er ihr zeigte, war voller pornographischer Abbildungen. Hilflos stand sie daneben, hatte Angst, und ihr wurde übel. »Ich glaube, nach einiger Zeit habe ich gestammelt, daß ich nun gehen müsse.« Sie schämte sich wegen des Vorfalls, der sich einige Male wiederholte, dermaßen, daß sie niemandem davon erzählte. Letztlich wurde die Situation dermaßen unerträglich, daß sie den einzigen Ausweg in der Kündigung sah. »Erst als ich aus der Situation draußen war, konnte ich mit meinem damaligen Freund über das Vorgefallene sprechen.«

Verantwortung für sich selbst

Susannes Grenzen werden von ihrem Vorgesetzten über längere Zeit hinweg verletzt, ihr Schamgefühl und ihre Abhängigkeit ausgenutzt. Die junge Frau erkennt ihre Situation, kann sich aber nicht wehren; sie schützt sich, indem sie sich entzieht. Gleichzeitig verzichtet sie wie viele andere Frauen darauf, das Geschehen öffentlich zu machen. Verständlicherweise fällt es Frauen, deren Grenze überschritten und deren Schamgefühl tief verletzt wurde, schwer, sich direkt gegen den Täter zur Wehr zu setzen. Letztlich freilich können nur sie selbst die Verantwortung für sich tragen, müssen selbst einen Weg der Selbstbehauptung finden. Allerdings tun sie dies oft nicht. Im nachhinein begründen Frauen dies oft damit, es sei ja »nicht so schlimm« gewesen, oder sie sagen: »Schließlich wollte er mich ja nicht vergewaltigen«, was nicht immer, aber in der Regel zutrifft. Oder die Frauen sind sich in einer Situation selbst noch nicht im klaren darüber, ob oder daß ihre Grenzen verletzt werden. Schließlich haben manche Frauen bereits erlebt, daß alle Reaktionsvarianten und Widerstandsversuche vergeblich blieben. Ihre Unentschlossenheit, ihre Unentschiedenheit aber führt immer wieder dazu, daß sie mitspielen, passiv bleiben, stillhalten.

Wollen Frauen sich aktiv aus unangenehmen oder bedrohlichen Lagen befreien, müssen sie die Einschüchterung und ihre Unsicherheit überwinden und den Weg zu einer entschiedenen Sichtweise und eigenständigen Haltung finden. Frauen spüren einen Nachholbedarf, was das eigene Selbstverständnis, die Klärung ihrer individuellen Grenzen und die dann mögliche Entschiedenheit in grenzüberschreitenden Situationen anbelangt. Entsprechend groß ist das Interesse der Frauen in Selbstverteidigungskursen am Thema »Grenzen wahrnehmen und Grenzen ziehen«. Vor allem Mädchen und Heranwachsende greifen das Thema immer wieder auf und setzen das Erlernte und Erfahrene in alltäglichen Begebenheiten zielstrebig um. Vier Elfjährige eines Seminars mit Schülerinnen reagierten beispielsweise prompt, als der Lehrer eine ihrer Klassenkameradinnen zum wiederholten Male vor der ganzen Klasse bloßstellte. Sie taten sich zusammen und erklärten ihm: Er mache seine dummen Bemerkungen vor allem über Mädchen. Er solle aufhören, Sprüche über ihre Kleidung, ihr Aussehen oder auch ihre Vorliebe für den einen oder anderen Jungen in der Klasse zu machen.

Die etwas Älteren wiederum erleben nun vermehrt, daß sie die Blicke von Männern auf sich ziehen. Sie erfahren, daß diese Blicke ihnen das eine Mal schmeicheln und sie ein anderes Mal beschämen und verunsichern. Da es ihnen allen an Erfahrung fehlt, wie sie Angenehmes und Unangenehmes auseinanderhalten sollen und wie sie jeweils reagieren können, sind sie äußerst begierig zu erfahren, wie es den Gleichaltrigen ergeht.

Viele Mädchen und Frauen müssen erst einmal üben, ihre eigenen Grenzen wahrzunehmen und sich selbst dafür zu sensibilisieren. Folgende Übung kann den Anfang erleichtern: Die Teilnehmerinnen verteilen sich im Raum. Immer zwei stehen sich gegenüber. Die eine nähert sich der anderen Schritt um Schritt... Die »Angegriffene« muß den Moment abpassen, in dem ihre Grenze überschritten wird. »Hier ist mein Stop. Bleib stehen!« Die andere signalisiert: »Ja, ich habe deinen Wunsch wahrgenommen« und zieht sich wieder zurück. Diese Wahrnehmungsübung läßt erfahrbar werden, daß es Grenzen überhaupt gibt und daß diese über Signale, über Reize festzustellen sind. »Ich vernahm ein Kribbeln im Bauch.« – »Mein Herz schlug schneller.« – »Es war, als ob sich Stacheln in meiner Haut aufstellten.«

Anfangs haben Teilnehmerinnen oft Schwierigkeiten damit, die eigene Grenze wahrzunehmen. Sie lernen jedoch zu spüren, daß diese von der Partnerin überschritten wird. »Ich wich im entscheidenden Moment zurück und vermied dadurch, Stellung zu beziehen.« – »Ich nahm den Grenzpunkt zwar wahr, bekam dann aber keinen Ton heraus. Es war, als hätte mir jemand die Luft zum Atmen genommen.«

Die Übung macht schließlich auch deutlich, daß die Frauen jeweils einen unterschiedlich großen Raum für sich in Anspruch nehmen. Daher taucht regelmäßig die Frage nach der sogenannten optimalen Distanz zum potentiellen Angreifer auf. Die Antwort lautet: Die Frau behält die gesamte Person, die ihr gegenübersteht, von Kopf bis Fuß in ihrem Blickfeld. Gerade wenn sie schon im voraus unangenehme Gefühle entwickelt oder sie während einer Situation bemerkt, soll sie auf diesen Abstand achten. Versucht jemand aus dieser Entfernung seinen Arm um sie zu legen, sie an sich zu ziehen oder auch sie zu packen, ist der Vorteil eindeutig auf ihrer Seite. Sie wird es sehen, wenn der andere seine Hände nach ihr ausstreckt, und genügend Zeit gewinnen, um diesen zu entgehen.

Durch die eine oder andere der hier wiedergegebenen Erfahrungen werden sich viele Leserinnen an eigene Erlebnisse erinnern und viele Verhaltensweisen von sich selbst erkennen. Erfahrungsaustausch von Frauen hilft, die eigenen Reaktionen und Vorgehensweisen in brenzligen Situationen zu überprüfen und zu einer Neubewertung zu gelangen. Wenn Frauen lernen, eigenen Gefühlen wie Wut und Ärger zu trauen, sie zu benennen und danach zu handeln, schaffen sie sich eine der wichtigsten Voraussetzungen für ihren Schutz.

Nachdrücklich beschreibt dies die Erfahrung einer Mutter mit ihrer fünfzehnjährigen Tochter. Der Nachbar wollte bereitwillig die Tochter gelegentlich im Auto zur nächstgelegenen S-Bahnstation mitnehmen und auch einen Haustürschlüssel bei sich deponieren. Sie habe ihrer Tochter den Vorschlag unterbreitet. Die habe zu ihrer großen Überraschung beides nachdrücklich abgelehnt. Der Grund dafür blieb der Mutter zunächst verborgen. Einige Tage später kam der Nachbar wegen einer anderen Angelegenheit ins Haus. »Zum ersten Mal nahm ich wahr, daß die Art, mit der er sich mir näherte, sein schmeichelndes Gehabe, seine Art, wie er mir die Hände tätschelte, ungute Gefühle in mir aufsteigen ließen. Ich wußte sofort, warum meine Tochter so und nicht anders entschieden hatte.«

Angst – Hemmnis und Warnsignal

Frauen und Mädchen erhoffen sich vom Selbstverteidigungskurs am häufigsten, weniger Angst zu haben. Und Ängste haben sie viele. Da ist die Angst vor einer bestimmten Situation: »Ich habe Angst davor, nachts alleine U-Bahn zu fahren.« – »Ich bin neu in der Stadt und habe Angst, alleine rauszugehen.« – »Mein Mann muß mich zum Selbstverteidigungskurs bringen.« – »Ich fürchte mich vor einer Vergewaltigung.« Die Angst besteht nicht nur darin, einer bestimmten Situation ausgeliefert zu sein, sondern auch darin, sich zu wehren: »Ich stelle mir vor, daß ich vollkommen erstarre und alles über mich ergehen lasse.« – »Ich habe die größte Angst davor, daß er erst recht brutal wird, wenn ich mich wehre.« – »Ich habe schlichtweg Angst, jemandem, auch wenn er mich angreift, weh zu tun.« – »Ich weiß aus Erfahrung: Ich werde nie und nimmer zuschlagen.«

Sind diese mit Angst besetzten Situationen von Frauen überhaupt veränderbar und bearbeitbar? Ist es nicht eher so, daß Angst vor Männergewalt ganz normal, natürlich und vor allem realistisch ist?

Jede Frau sollte wissen, daß in Deutschland ca. alle vier bis fünf Minuten eine Frau oder ein Mädchen sexuelle Gewalt erfährt.* Mithin sind diese Ängste real. Die Angst der Frauen bezieht sich auf die Gewalttätigkeit der Männer und auf weibliche Unterlegenheit und das Gefühl vieler Frauen, Männern ausgeliefert zu sein. Was konkret aber können Frauen und Mädchen tun, um angstbesetzten Situationen besser zu begegnen? Welche Hilfen können ihnen Selbstbehauptungs- und Selbstverteidigungskurse an die Hand geben?

* Barbelies Wiegmann, »Gewalt gegen Frauen – Tabu im Rechtsstaat?«, Neue Praxis, 4, 1990, S. 362

Sie können erstens zu einer frühzeitigen Wahrnehmung unangenehmer und gefährlicher Situationen verhelfen und zweitens das Training vielfältiger verbaler und physischer Techniken der Abwehr ermöglichen. Allein körperliches Training hilft in vielen Fällen nicht, das Problem der Angst vor männlicher Gewalt zu lösen. Aber die Beschäftigung mit dem eigenen Körper, die langsame Erkenntnis, über den eigenen Körper zu verfügen und mit diesem Körper den eigenen Handlungsspielraum zu erweitern, ihn als Waffe gebrauchen zu können, trägt ganz wesentlich dazu bei, daß Frauen weniger Angst haben. Es vermittelt ihnen vor allem die Erkenntnis, daß ihnen Möglichkeiten offenstehen, mit der Angst aktiv umzugehen.

Das utopische Moment, daß Frauen jede Gefahrensituation körperlich bewältigen, findet sich sehr oft in Science-fiction-Romanen: Die Frauen verfügen in erster Linie über ihre Körper. Sie sind gut trainiert. Sie kennen die notwendigen Tricks und sind listig und stark genug, jegliche männliche Gewalt spielend abzuwehren. Was in der Utopie gelebt wird, die Aufhebung der biologisch-körperlichen Unterlegenheit des weiblichen Geschlechts zugunsten der Frauen, ist weit von dem entfernt, was Frauen und Mädchen in der Realität fühlen, denken und wie sie handeln. Jedes Mädchen und jede Frau erfährt und lernt immer wieder aufs neue die körperliche Stärke des Mannes. Dies belegt die Tatsache, daß die Frauen als häufigste Angst die um ihren Körper nennen, und gleichzeitig die Angst, daß ihr Körper sie in einer Notsituation im Stich lassen wird, daß sie zu wissen glauben, sich gegebenenfalls auf ihn nicht verlassen zu können. Die Fähigkeiten, die die einzelne Frau im Laufe ihres Lebens für ihren Schutz entwickelt hat, sind an ihre eigenen Ängste und an ihre eigene Geschichte, ihre Biographie geknüpft.

Die folgenden Beispiele zeigen Frauen und Mädchen in Angst-Situationen. Gemeinsam ist ihnen, daß die Angst die Handlungsfähigkeit der Frauen einschränkt. Vielfach sind sie sich ihrer Ängste nicht bewußt, und das, was Angst macht, bleibt schemenhaft, unklar und unbekannt, eben hinderlich.

Inge

»Mein Nachbar ist ein sehr hilfsbereiter Mensch. Seit Jahren hilft er mir bei kleineren Reparaturen, beispielsweise im Haus und im Garten. Einerseits bin ich natürlich froh darüber, andererseits habe ich ganz oft ein ungutes Gefühl, wenn ich weiß, daß er wiederkommt. Letztens war dies wieder ganz stark. Ich öffnete die Tür. Wie immer begrüßte er mich überschwenglich. Er schüttelte mir viel zu lange die Hand. Dann legte er seine Hände auch noch auf meine Schultern. Bei der Verabschiedung passierte das gleiche aufs neue. Ich habe mich wieder dermaßen unwohl gefühlt und sogar ein wenig geängstigt, vor ihm und seinem Auftreten. In den ganzen Jahren, in denen dies nun schon so geht, habe ich noch nie gesagt, daß ich seine Art als zudringlich empfinde und dies nicht möchte. Schließlich möchte ich die ansonsten gute Nachbarschaft nicht aufs Spiel setzen.«

Inges Erzählung erzeugt bei den Zuhörerinnen große Anteilnahme. Viele durchaus brauchbare und phantasievolle Vorschläge werden ihr gemacht und im Rollenspiel demonstriert. Inge ist von der Vielfalt der Lösungsmöglichkeiten zwar äußerst angetan; alle Möglichkeiten, die die Frauen ihr vorschlagen, schließt sie für sich allerdings aus. »Ich bringe es einfach nicht fertig.« Die Anteilnahme und auch Beharrlichkeit der Gruppe lassen Inge nicht aufgeben, bis sie herausfindet, warum sie die Situation dermaßen eingeschüchtert und geängstigt hat. Wie aus der Versenkung taucht das Bild eines anderen Mannes auf. »Ich war damals ein Mädchen von acht Jahren«, erzählt sie. »Der Nachbar, ein großer und starker Mann, hat mich oft, wenn er in unseren Garten kam, hochgehoben und durch die Luft gewirbelt. Ich schrie, nicht aus Freude, sondern aus Entsetzen. Ich konnte nichts tun als abzuwarten, daß er mich wieder auf den Boden absetzte.« Ihr heutiger Nachbar erinnere sie an den ihrer Kindheit. »Er ist genauso groß und massig. Es ist seine Körperlichkeit, seine Körpermasse, die mich einschüchtert.« Ob Inge wie das achtjährige Mädchen fühlt und handelt? »Daran ist wohl etwas dran.« Welche Möglichkeiten hat Inge als erwachsene Frau? »Heute kann ich mich schützen. Ich kann ihm eine Ohrfeige geben oder das Haus verbieten.« Ob sie sich nun vorstellen könne, ihrem Nachbarn ihren Standpunkt mitzuteilen? »Ja«, sagt Inge.

Susanne

Susanne ist Mitte Zwanzig und Studentin. Sie arbeitet als Betreuerin in einer Unterkunft für Asylbewerber, und zwar ausschließlich Männer. Eine ihrer Aufgaben ist es, für die Einhaltung der Nachtruhe zu sorgen. Deshalb muß sie des öfteren in das Zimmer des einen oder anderen Ruhestörers gehen. Susanne nimmt im voraus stets Unbehagen und Scheu bei sich wahr, im Zimmer des jeweiligen Bewohners ist dann ihre Kehle wie zugeschnürt. Einmal sei dieses Gefühl der Angst und des Ausgeliefertseins ganz besonders schlimm gewesen. »Ich klopfte an und trat in das Zimmer des Bewohners. Ich wollte ihm mitteilen, daß er sein Radio leiser zu stellen habe. Er lag im Bett, die Bettdecke über sich gezogen. Ich begriff mit einem Male, daß er nichts anhatte, eben nackt unter der Zudecke lag. Ich spürte, wie ich innerlich erstarrte, in den Knien weich wurde und am ganzen Körper zitterte. Ich brachte gerade noch heraus, er solle das Radio leiser stellen. Dann stand ich auch schon wieder draußen vor der Tür.«

Im Rollenspiel erlebt Susanne das Bedrohliche an der Situation noch einmal. Als sie zu dem Moment kommt, in dem sie sich seiner Nacktheit gewahr wird, hält sie einen Moment inne. Die Tränen laufen ihr über das Gesicht. Ihr Vater, erzählt Susanne, habe ihr als Kind über Jahre hinweg sexuelle Gewalt angetan. »Ich habe sehr viel Angst ausgestanden. Die Erinnerung an die Ängste, die ich als Kind hatte, holt mich jetzt als Erwachsene manchmal wieder ein.« Oft sei sie sich dessen nicht bewußt. Aber wie in der beschriebenen Situation erlebe sie sich dann auf Grund ihrer Kindheitserfahrung über das normale Maß hinaus als ausgeliefert, als in ihrer Handlungsfähigkeit eingeengt. Sie könne nicht mehr zwischen damals und heute differenzieren.

Marion

Auch die Ängste der 55jährigen Marion gründen in ihrer Vergangenheit. Im Unterschied zu Inge und Susanne beziehen sie sich nicht auf eine konkret erlebte Situation. Es ist vielmehr gleichsam das Erwarten einer Situation, das ihre Angst auslöst. Marion erzählt: »Ich war vierzehn Jahre alt, als eine meiner besten Freundinnen vergewaltigt wurde. Auch in den folgenden Jahre habe ich immer wieder gehört, daß Mädchen meines Alters und erwachsene Frauen Gewalt erfuhren. Es war Krieg, und sicher war die Situation eine besondere. So gut wie jeder Mann besaß eine Waffe bzw. konnte mit Leichtigkeit eine erstehen. In ganz vielen Fällen haben Männer die Pistole oder das Messer auf die Frauen gerichtet. Die Möglichkeit zur Flucht oder zur Gegenwehr war oft gleich Null. Ich weiß auch von einigen Frauen, die den Versuch unternommen haben, sich gegen die Vergewaltigung mit allen ihnen zur Verfügung stehenden körperlichen und anderen Möglichkeiten zu widersetzen. Sie haben diesen Versuch mit dem Leben bezahlt.«

Obwohl Marion weiß, daß in der Gegenwart ein geringer Prozentsatz der Vergewaltiger die Frauen mit Waffen bedroht, hat sie nach wie vor dieses Bild vor Augen. Es ist Mahnung und Warnung zugleich. »Verteidigung wäre sinnlos. Du bist die Unterlegene und wirst es auch in Zukunft bleiben«, sagt eine Stimme in ihr. »Stellst du dies in Frage und strebst danach, dich zu wehren«, warnt eine zweite Stimme, »begibst du dich in allergrößte Gefahr, du setzt dich und dein Leben aufs Spiel.« Es ist die Vorstellung, in jedem Fall dem Angreifer unterlegen zu sein, die Marion von ihren Ängsten nicht loskommen läßt.

Zwei Konzertbesucherinnen

Nach einer Konzertveranstaltung beschlossen zwei Konzertgängerinnen, mit dem Taxi nach Hause zu fahren. Nachdem sie dem Fahrer mitgeteilt hatten, wo er sie hinfahren solle, beachteten sie ihn nicht weiter, redeten angeregt miteinander und bemerkten nicht, daß er inzwischen von der angegebenen Route abgewichen war. »Mit einem Male bog er von der Hauptstraße ab und fuhr mit uns in einen Waldweg.« Selbst in diesem Moment sahen sie sich keiner Gefahr ausgesetzt, nahmen an, daß der Taxifahrer pinkeln wollte. Auf das, was folgte, waren sie in keiner Weise vorbereitet. »Vollkommen überraschend machte er uns ein eindeutiges Angebot. Erst jetzt begriffen wir, daß die Situation gefährlich wurde.« Zu ihrem Glück hatte der Taxifahrer die hinteren Autotüren nicht mit der vorhandenen automatischen Türverriegelung versperrt. »Fassungslos schauten wir uns an, rissen die Türen auf und stürzten ins Freie. Der Taxifahrer fuhr weg. Wir waren dermaßen verdattert und verdutzt, daß wir uns nicht einmal die Autonummer merkten.«

Was im ersten Moment verständlich anmutet, die durchgängige Sorg- und Angstlosigkeit, auch Naivität, ist in erster Linie auf eine falsche Annahme zurückzuführen: daß ein Taxi ein absolut sicheres Transportmittel sei, ein Zufluchtsort. Diese Annahme führt dazu, Vorsichtsmaßnahmen kaum oder gar nicht zu bedenken. Andererseits kann eine falsche Information auch die gegenteilige Reaktion zur Folge haben: übersteigerte und panikartige Angstzustände.

Linda

Die Ängste der sechzehnjährigen Linda beginnen mit der Dunkelheit. »Wenn immer möglich versuche ich es zu vermeiden, abends alleine nach Hause gehen zu müssen.« Doch hin und wieder kommt es vor, daß sich keiner der Freunde oder Freundinnen bereit erklärt, sie nach Hause zu begleiten. Dann macht sie sich alleine auf den Weg. »Die Angst sitzt mir jedesmal im Nacken. Ich höre Schritte, die mich verfolgen. Ich phantasiere hinter jeder Straßenecke einen Mann, der mir auflauert, um mich zu überfallen und zu vergewaltigen.« Die Warn- und Schutzsignale greifen nicht mehr. Jedes vorbeifahrende Auto, jede vorübergehende Person, jede Straße, die überquert werden muß, löst Ängste aus. Linda fühlt sich in diesen Momenten derart befangen, hilflos und körperlich wie gelähmt, daß sie bei einem tatsächlichen Angriff unfähig wäre, sich zu wehren. Eine entscheidende Veränderung in Lindas Wahrnehmung kündigt sich an, als sie vermeintlich richtige Informationen auf ihren Wahrheitsgehalt hin zu untersuchen beginnt, als sie erfährt, daß die meisten Vergewaltigungen von Bekannten der Frauen, nicht von Unbekannten begangen werden.*

Johanna

»Meinen Alltag kann ich jetzt wieder bewältigen«, erzählt die 21jährige Johanna ein Jahr nach ihrer Vergewaltigung. »Ich traue mich wieder alleine auf die Straße hinaus, drehe mich nicht mehr dauernd um, ob mich jemand verfolgt, schlafe wieder bei gekipptem Fenster. Ich kann mir auch wieder die schlechten Männerwitze anhören. Ich denke mir zwar voller Haß meinen Teil dazu, aber irgendwie kann ich es wieder ertragen.« Es sind Alltäglichkeiten, die unverhofft wieder Ängste

---

* Michael C. Baurmann, Bundeskriminalamt, »Sexualität, Gewalt und die Folgen für das Opfer«, Wiesbaden 1985, S. 13

auslösen.« Als ich das Brotmesser auf dem Küchentisch meiner Freundin liegen sah, fühlte ich mit einemmal, wie ich innerlich vollkommen erstarrte und in mich zusammensackte. Der Anblick des Messers rief die Erinnerung an die Vergewaltigung wach.« Selbst im geschützten Raum eines Selbstverteidigungskurses für Frauen erlebt Johanna, daß bestimmte Bewegungen und Schritte Angstgefühle auslösen. »Ich ertrage es nicht, bekomme Schweißausbrüche, wenn eine der Frauen in einer Übung sich mir von hinten nähert.« Dies verbessert sich, als Johanna immer wieder übt, mit den angstauslösenden Momenten und Situationen umzugehen, sie mit Hilfe bestimmter Verhaltenstechniken zu beherrschen.

Die tiefsitzenden Gefühle von Angst und Ohnmacht greifen nicht zuletzt in die intimen und persönlichen Beziehungen ein. Johanna und andere Frauen mit einer ähnlichen Erfahrung müssen daher lernen, daß der Weg in eine normale, lebendige Liebesbeziehung zu einem Mann schwer, bisweilen sogar aussichtslos ist. Johanna möchte sich nicht damit abfinden, daß das unbeschwerte und glückliche Zusammensein mit ihrem Freund der Vergangenheit angehören soll. Sie kämpft um ihre Liebe und erlebt im gleichen Maße die Unmöglichkeit, sie zu leben. »Das schaffen wir schon, haben Manfred und ich am Anfang gesagt. Inzwischen frage ich mich oft, ob wir das jemals können, so unbeschwert und fröhlich zusammen zu sein, wie wir das früher waren. Ich habe große Zweifel.«

Lähmende Gefühle von Angst, Ohnmacht, Bedrohung des eigenen Lebens – noch lange Zeit nach einer Vergewaltigung erleben Frauen und Mädchen alles das, was sie in jenen Momenten gespürt und empfunden haben. Auch wenn die Frauen bereits wieder ihren alltäglichen Dingen nachgehen, werden diese Ängste sehr leicht in Erinnerung gerufen. Manche Lebensbereiche bleiben über viele Jahre hinweg oder auch für immer verschlossen. Zum Glück ist nichts passiert, meinen in vielen Fällen die Frauen selbst zunächst. Die Umwelt, Freunde, Freundinnen, Eltern und professionelle Helferinnen und Helfer pflichten dieser Meinung oft bei – allzu schnell und leichtfertig, wie sich nach kurzer Zeit herausstellt, wenn die Ängste immer wieder, unerwartet und scheinbar unerklärbar hervorbrechen.

Angst hemmt also Mädchen und Frauen in ihrer Handlungs- und Verteidigungsfähigkeit, vor allem weil sie vielfach ihre Ängste nicht kennen bzw. nicht wissen, worin eine Angst gründet. Dies hat Susanne mit Inge gemeinsam. Beide sind sich zunächst nicht im klaren darüber, daß ihren diffusen Ängsten ein konkretes Erlebnis als Kind zugrunde liegt und daß es dieses Erlebnis des damaligen Ausgeliefertseins ist, weshalb sie sich als erwachsene Frauen nicht adäquat behaupten. Andere stellen sich, wie Marion, selbst eine Falle: Sie halten an der Vorstellung fest, daß der Angreifer fast bzw. immer der Überlegene sein wird. Diese Vorstellung erzeugt allergrößte Ängste. Ursache dieser Ansicht ist wie im Fall von Marion, die an eine stete Bewaffnung jedes Angreifers glaubt, daß es vielen Frauen und Mädchen an einer realistischen, differenzierten Einschätzung gegebener Situationen fehlt. Damit soll keineswegs in Frage gestellt werden, daß solche Gefahren ebenso wie solche Ängste existieren. Es soll vielmehr darauf hingewiesen werden, daß aus der Tatsache, daß Männer Frauen Gewalt antun können, Bedrohtheitsgefühle erwachsen. Bleiben diese unhinterfragt, dann können sie an geradezu beliebigen Orten die Oberhand gewinnen. Denken Frauen über ihre Ängste und Bedrohtheitsgefühle nach, machen sie oft die Erfahrung, daß sie Angst hatten in Momenten und Zusammenhängen, die für sie in Wirklichkeit relativ harmlos waren, während sie in anderen Momenten, in denen ihr Leben unmittelbar bedroht war, relativ angstlos blieben und gänzlich unvorbereitet und schutzlos der Situation ausgeliefert waren. Angst ist dennoch mit Sicherheit eines der entscheidenden Warnsignale.

Aber bisweilen werden Gefahrenmomente auf Grund falscher Informationen nicht richtig eingeschätzt. Das eine Mal wird auf Grund vermeintlicher Sicherheit die gegebene Situation unterschätzt; Erkennungszeichen sind unbekümmertes und unbedachtes Verhalten. Die Konzertbesucherinnen waren ein Beispiel für eine vermeintliche Sicherheit. Das andere Mal führt falsche Information zu übersteigertem Angstgefühl. Beispielsweise lebt Linda wie andere Mädchen und viele Frauen mit der Vorstellung, daß 90 Prozent der gewalttätigen Übergriffe auf der Straße, völlig überraschend und aus dem Hinterhalt heraus geschehen. »Er springt aus dem Versteck hervor, packt mich und zerrt mich zurück in sein Versteck, und weg bin ich.« Die große Angst vieler Frauen, alleine oder bei Dunkelheit auf die Straße zu gehen, wurzelt in dieser falschen Information. Die meisten Belästigungen und Gewaltübergriffe begehen Männer, die der Frau mehr oder weniger gut bekannt oder mit ihr befreundet sind, und zwar vorwiegend in seinen oder ihren Räumen oder bei Freunden oder in der Familie. Und: Der weitaus größere Teil der Übergriffe kündigt sich in der einen oder anderen Form an; anders als in dem Bild, das Linda in sich trägt, kann eine Frau eine Gefahrensituation häufig frühzeitig erkennen. Beginnen Frauen und Mädchen, Informationen und angebliches Wissen nicht unhinterfragt auf- und anzunehmen, sondern sie auf ihren Bezug zur Wirklichkeit und Sinnhaftigkeit zu überprüfen, werden sie eine Vielzahl falscher Informationen entdecken, die sie im Laufe der Zeit angesammelt haben. Und sie werden feststellen, wie hinderlich die vielen scheinbaren Erkenntnisse für ihr Lebensgefühl und ihr Selbstwertgefühl sind.

Das zweite Prinzip der Selbstverteidigung: Sich schützen und Gefahren vermeiden

Wenn Frauen und Mädchen gelernt haben, ihre eigenen körperlichen und emotionalen Grenzen zu erkennen, werden sie sich im Vorfeld bereits schützen und versuchen, Gefahren für ihre persönliche Integrität vorab zu vermeiden. Dazu müssen sie die vielfältigen intuitiven und rationalen Wahrnehmungen ernst nehmen, die ihnen eine Gefahr, eine Bedrohung ihres individuellen Grenzbereiches signalisieren. Derartige Wahrnehmungen enthalten entscheidende und richtige Informationen über Ereignisse, die sich noch nicht absehen lassen. Die Signale können Empfindungen körperlicher Art sein wie Ekel, Muskelanspannung oder Zittern. Sie können seelischer Art sein, ein Gefühl von Unsicherheit, Angst oder Ausgeliefertsein.

Gefühl und Intuition reagieren wie ein frühes Warnsystem. Zur Überwachung des Grenzbereiches reichen jedoch intuitive Wahrnehmung und Wachsamkeit nicht immer aus. Um Grenzüberschreitungen nicht zuzulassen, greifen Frauen und Mädchen zu Vorbeugungs- und Sicherheitsmaßnahmen. Sie wollen sich nicht erlauben, passiv zu bleiben und darauf zu bauen, daß die unsichtbaren Grenzen eingehalten werden. Um sich des männlichen Einflusses auf ihr Selbstwertgefühl und ihren Körper zu erwehren, ist es erforderlich, daß Frauen und Mädchen aktiv ihren Grenzbereich gestalten.

Die folgenden Vorschläge unterscheiden zwischen solchen Vorsichts- und Sicherheitsmaßnahmen, die im voraus wirken, und solchen, die aus einer unmittelbaren Bedrohung entstehen, wobei die Übergänge oft fließend sind. Zentral ist, die jeweilige Örtlichkeit genau in Augenschein zu nehmen, sich einmal zu überlegen, welche technischen Nothilfen zur Verfügung stehen können, welche Absprachen eventuell zu treffen sind.

Frau und Mann im Aufzug

Ina ist siebzig Jahre. Sie fährt regelmäßig mit öffentlichen Verkehrsmitteln und möchte auch in Zukunft nicht darauf verzichten. Sie ist gehbehindert und muß deshalb oft den Aufzug benutzen. Sie hat bereits einige Situationen erlebt, in denen sie sich absolut unwohl fühlte. Sie findet, daß ihre Sicherheit des öfteren nicht gewährleistet ist. Welche Vorsichtsmaßnahmen können Frauen, die wie Ina auf den Fahrstuhl angewiesen sind oder ihn gelegentlich benutzen, treffen?

- Bevor Frauen in den Aufzug einsteigen, vergewissern sie sich, wer und wie viele Personen bereits darin stehen.
- Wenn sie irgend etwas beunruhigt, steigen sie nicht ein.
- Im umgekehrten Fall gilt das gleiche: Ist eine Frau im Aufzug und ein Mann kommt hinzu, steigt sie aus, wenn sie etwas beunruhigt.
- Manchmal ist dies nicht mehr möglich, weil die Tür des Liftes sich bereits geschlossen hat. Dem kann die Frau vorgreifen, indem sie den meist vorhandenen Türschließer selbst bedient.
- Existiert kein Türschließer, geht sie nicht in die hinterste Ecke, sondern bleibt neben der Tür und beobachtet, ob und wer sich nähert.
- Wenn sie trotz aller Vorkehrungen nach wie vor unsicher ist, sollte sie sich in die Nähe der Bedienungsknöpfe stellen. In einer unguten Situation betätigt sie den Alarmknopf oder auch den Knopf für das nächste Stockwerk, um den Fahrstuhl so bald wie möglich zu verlassen. Auch kann sie es vereiteln, daß jemand anderes den Aufzug zwischen zwei Stockwerken anzuhalten versucht.

In öffentlichen Transportmitteln

Die vierzehnjährige Isa fährt tagtäglich mit der S-Bahn zur Schule und wieder zurück. Gelegentlich benutzt sie die S-Bahn auch, wenn sie fast leer ist. Sie selbst macht sich wenig Sorgen, aber ihre Eltern haben Angst um die Sicherheit ihrer Tochter. Welche Vorsichtsmaßnahmen sollen die Eltern an ihre Töchter weitergeben?

- Erklären Sie Ihrer Tochter, daß sie das Abteil wechseln soll, wenn alle ausgestiegen sind und sie plötzlich allein oder nur mit einem Mann ist.
- Das sicherste Abteil ist das erste mit dem Zugführer. Zudem steigen inzwischen viele Frauen als Vorsichtsmaßnahme in das erste Abteil. Es ist überlegenswert, daß sich Frauen noch mehr als bisher dahingehend unterstützen, zu anderen Frauen zuzusteigen.
- Auch und vielleicht gerade Frauen, die keine Angst haben, weil sie sich etwa wirksam wehren können, sollten darüber nachdenken, wie sie weniger sichere Frauen unterstützen.
- Ihre Tochter sollte wissen, wie die Notbremse zu ziehen ist und wo diese in der S-Bahn angebracht ist. Sie sollte sich vergewissern, daß sie groß genug ist, die Notbremse auch zu ziehen; andernfalls kann sie auf die Bank steigen. Und sie sollte wissen, daß sie das Recht hat, in einer Gefahrensituation die Notbremse zu ziehen, daß sie im nachhinein nicht dafür bestraft werden wird.

Ein Fremder in der eigenen Wohnung

Martina ist mit ihrer Tochter in eine neue Wohnung gezogen. Im Auftrag der Baugesellschaft erledigt ein Handwerker noch einiges in der Wohnung. Martina hat ihr Einverständnis gegeben, doch darauf bestanden, daß er dies in ihrer Anwesenheit tut. Die erste Zeit beobachtet sie den Handwerker, der sich ihr und ihrer Tochter gegenüber immer höflich und distanziert verhält. Eines Nachmittags will er von Martina wissen, in welcher Höhe der Spiegelschrank im Bad anzubringen sei. Martina tritt als erste in den winzigen Raum. Der nun folgende Angriff kommt für sie plötzlich und unerwartet. Der Handwerker drückt sie in die Ecke und versucht sie mit aller Gewalt zu würgen. Als er einen Moment den Griff lockert, beißt sie derart fest in seine Hand, daß der Angreifer laut aufschreit und kurz von ihr abläßt. Martina entkommt. Im nachhinein sagt sie, ihr entscheidender Fehler sei das Vorausgehen gewesen. »Ich habe mir meine eigene Falle gestellt, den Fluchtweg genommen.«

Viele Frauen sagen, daß sie von vorneherein einen Fremden, ob Vertreter oder Heizungsmonteur, nicht in ihre Wohnung lassen, wenn sie alleine sind, und lieber einen Termin zu einem späteren Zeitpunkt vereinbaren. Andere Frauen wiederum halten diese Vorsicht für übertrieben, und wiederum andere wollen sich ihre Selbständigkeit bewahren. Einige grundsätzliche Regeln sollen Frauen, die eine fremde Person in die Wohnung lassen, auf alle Fälle beachten:

- Lassen Sie den Fremden immer vorausgehen. Sehen Sie zum Beispiel zu, daß der Heizungsinstallateur vor Ihnen die Treppe hinuntergeht.
- Geben Sie eindeutige Anweisungen: »Gehen Sie bitte die Treppe hinunter. Rechts hinter der Tür befindet sich der Heizungsraum.« Dann wird der Handwerker nicht bitten: »Zeigen Sie's mir doch«, was der Fall sein kann, wenn Sie zu ihm vage »da unten« sagen.
- Ist es unvermeidbar, mit hinunterzugehen, bleiben Sie bei der Tür stehen, damit der Rückzug offen bleibt.

Die Gestaltung des Arbeitsplatzes

Seit über zwanzig Jahren arbeitet Claudia in ihrer Massagepraxis, die sich in ihrer Wohnung befindet. Ihre Kundschaft ist in der Mehrzahl männlich. Bekannte fragen sie immer wieder, ob sie denn keine Angst vor einem Übergriff und vor der Aufdringlichkeit eines Kunden habe. Natürlich komme so etwas schon einmal vor, Anbandelversuche, schlüpfrige Bemerkungen oder auch ein eindeutiges Angebot. »Ich habe immer sofort mit ein paar Worten richtiggestellt, daß ich an einem persönlichen Verhältnis nicht interessiert bin.« Erst der Überfall auf eine Freundin, deren Arbeitsbedingungen mit ihren vergleichbar sind, hat sie verunsichert.

In den wenigsten Fällen gestalten Frauen ihren Arbeitsplatz nach Gesichtspunkten der eigenen Sicherheit. Welche Vorkehrungen hat Claudia bereits getroffen? Was wird sie in Zukunft mit bedenken und in ihrer Praxis verändern?

- »Ich habe mit meiner Nachbarin ein Klingelzeichen mit dem Telefon ausgemacht. Meine Nachbarin wird daraufhin an meiner Haustüre Sturm läuten. Mache ich nicht auf, alarmiert sie die Polizei.«
- Claudia nennt eine weitere Möglichkeit, in einer Notsituation auf sich aufmerksam zu machen. »Ich nehme den Hocker, der immer in der Nähe des Fensters steht, und zerschlage die Scheibe.«
- Im Notfall wird Claudia nicht Hilfe schreien. »Ich werde ›Feuer, Feuer‹ rufen, weil andere Leute innerhalb und außerhalb des Hauses darauf schneller und gefaßter reagieren, wenn sie eventuell selbst oder ihr Besitz in Gefahr sein könnten.«
- Claudia kann das Glas und die Tonkrüge in verschiedenen Größen, mit denen sie ihre Praxisräume liebevoll gestaltet hat, in einer bedrohlichen Situation zu ihrer eigenen Verteidigung gebrauchen, beispielsweise eine Vase auf den Boden schmettern und den Überraschungsmoment benutzen, um zur Tür ins Freie zu gelangen. Oder sie nimmt einen Krug und wirft ihn mit voller Wucht an die Wand, die an die Wohnung zur Nachbarin grenzt.
- Die Arbeitsgeräte wie Seile, Keulen und zusammengerollte Unterlagen, die griffbereit am Boden liegen und über die

sich Claudia keine Gedanken gemacht hat, kann jemand als Waffen benutzen, der Claudia in ihren Praxisräumen bedrängt, ihr Gewalt antun will. Claudia beschließt, Seile und Holzkegel von nun an im Schrank aufzubewahren.

Die Beschreibung eines Täters

Claudia kennt ihre Kunden mehr oder weniger genau. Sie ist sich nicht sicher, ob sie einen von ihnen, wenn er sie bedroht, im nachhinein genau beschreiben könnte. Die meisten Frauen und Mädchen äußern ähnliche Bedenken. Die wenigsten wissen, welche Merkmale zur polizeilichen Identifizierung wichtig sind. Im folgenden sind dazu die wichtigsten Informationen zusammengetragen.

- In jedem Fall wichtig sind die äußeren Merkmale des Täters wie Kleidung, Körpergröße und Körperstatur, Haarfarbe und Frisur, Sprache und Akzent des Mannes.
- Zu einer vollständigen Beschreibung von Täter und Tat bedarf es der Charakterisierung der Art und Weise, wie der Mann vorgegangen ist. War er zynisch? War er besonders vorsichtig? War er auffallend ungehemmt? War er unbewaffnet?
- Besondere Bedeutung kommt sogenannten unveränderlichen bzw. schwer veränderbaren Merkmalen zu: spezielle Charakteristika im Gesicht wie ein Muttermal, auffallend dünne Lippen oder ein fliehendes Kinn, fehlende oder abgebrochene Zähne, ein Goldzahn, auffallend abstehende Ohren und gelochte Ohrläppchen mit oder ohne Perle; Narben und Tätowierungen am Arm, an der Hand oder im Gesicht.

Die Wachsamkeit und die Fähigkeit zu genauer, geradezu nüchterner Beschreibung eines fast zwölfjährigen Mädchens beeindruckt. Sie schreibt: »Ich habe Spenden gesammelt. Ich habe bei einem Mann geläutet, der mich zu sich hineinziehen wollte. Der Mann sagte: ›Oh, komm doch mal zu mir rein‹, und ich antwortete mit ›nein‹. Ich habe vor lauter Angst und

Panik bei dem Nachbarn geläutet. Der hat aber nicht aufgemacht. Dann bin ich weggelaufen. Beschreibung: Der Mann war betrunken und wollte mich hineinziehen. Der Mann war am Oberkörper freigemacht, seine Hose war zur Hälfte offen.« Die genaue und wachsame Beobachtung sichert Beweismaterial, zum einen für die Polizei, zum anderen aber auch für die persönliche Beweisführung. Sie wird dazu beitragen, daß Frauen auch die weniger offensichtlichen, da ohne Gewaltanwendung geschehenden Grenzüberschreitungen und Verstöße gegen ihre Selbstbestimmung nicht länger ignorieren, sondern gegen sie vorgehen. Ein Großteil dessen nämlich, was mit Belästigung bezeichnet wird, behindert ein selbstverständliches, unbelastetes Handeln. Die Auseinandersetzung mit den verschiedenen, oft subtilen Formen männlicher Gewalt ermöglicht und hilft zudem, sich von den bei Frauen und Mädchen bewußt oder unbewußt wirkenden Schuld- und Schamgefühlen zu befreien.

Handeln in Gefahrensituationen

Die in Paris tätige unabhängige Frauenorganisation »Gewalt gegen Frauen am Arbeitsplatz« (AVFT) hat einen Leitfaden erstellt, der dazu beitragen soll, daß die Situation der Belästigung, der Gewalt deutlich und klar herausgestellt wird. Auszüge dieses Leitfadens helfen, sich der verschiedenen Formen männlicher Gewalt am Arbeitsplatz, in Familie, Verwandtschaft, Schule und auch auf der Straße bewußt zu werden. Sie helfen die Situation zu erkennen, sich den eigenen Gefühlen der Verletzung zu stellen und den eigenen Fertigkeiten sowie dem Umfeld entsprechend eine eigenständige Einschätzung und Entscheidung zu treffen.

Leitfaden zur Zusammenstellung eines Dossiers*

1. Beschreibung der Situation am Arbeitsplatz, in der Familie oder in der Schule:
   - Anfang und Dauer der Belästigung
   - Geschehen und Situation
2. Beschreibung des bzw. der Belästiger:
   - Relation zwischen Position der Betroffenen bzw. des Belästigers
   - Hat er Einfluß?
   - Wenn ja, auf wen?
   - Hat er andere Personen (Freundinnen, Kolleginnen) belästigt?
   - Ist sein Verhalten allgemein Frauen gegenüber abwertend, beleidigend, erniedrigend?
3. Erstellen eines ausführlichen und chronologischen Tagebuches:
   - Genaue Angaben über den Zusammenhang (Zeit, Ort, Umstände)
   - Genauer Wortlaut der Beleidigung bzw. während der Belästigung
   - Beschreibung der Gesten des Belästigers
4. Suche nach Zeuginnen und Zeugen sowie nach Verbündeten.
5. Einschätzung der Auswirkungen der Belästigung:
   - auf die Arbeitsleistung
   - auf die berufliche Situation, auf die beruflichen Chancen
   - auf die Gesundheit
   - auf das Privatleben
6. Auflistung der unternommenen Schritte und ihrer Resultate.

Jede Frau, die im nachhinein eine Bestandsaufnahme einer unangenehmen Situation oder eines herabwürdigenden Erlebnis-

* Vergleiche dazu: »Tatort Arbeitsplatz. Sexuelle Belästigung von Frauen«, herausgegeben von U. Gerhart, A. Heiliger und A. Stehr, München 1992

ses macht, wird auch ihr eigenes Verhalten kritisch unter die Lupe nehmen. Im Vorfeld, das fällt auf, tun viele Frauen wenig für ihren Schutz, trotz ihrer vergleichsweise großen Angst vor körperlicher Gewalt durch Männer. Viele Mütter sind äußerst besorgt um die Sicherheit ihrer Töchter und vergleichsweise wenig oder gar nicht um den eigenen Schutz bemüht. Dabei ist festzustellen, daß Mädchen oft wesentlich durchdachtere Strategien und Verhaltensweisen einsetzen als ihre Mütter und andere erwachsene Frauen.

Der überwiegende Teil aller Frauen ist zweifellos zu Recht der Ansicht, daß das frühzeitige Erkennen einer Gefahr diese zu vermeiden hilft. In der Realität jedoch verhalten sie sich oft anders, wie die Beispiele im zweiten Teil dieses Kapitels zeigen werden. In einer Vielzahl von Situationen scheut eine Frau sich davor, einer Grenzüberschreitung oder einem Übergriff ins Auge zu blicken, eine Gefahr, die sie erkennt, vor sich selbst zuzugeben. Aus Furcht vor einer potentiellen gewalttätigen Reaktion scheut sie ein selbstbewußtes und schlagkräftiges Nein, eine klare Grenzziehung, weil sie einer gewalttätigen Reaktion in den seltensten Fällen gewachsen zu sein glaubt. Äußerst selten bis gar nicht empfindet sie einen Mann als körperlich schwächer. Gleichzeitig befürchten viele Frauen und Mädchen, in der konkreten Situation die Gefahr nicht zu erkennen bzw. falsch einzuschätzen. Einige der Gründe, die Frauen daran hindern, sich eine drohende Gefahr einzugestehen bzw. eine Situation hinsichtlich ihrer Gefährlichkeit richtig einzuschätzen, kehren immer wieder: Informationsdefizite, Gutgläubigkeit, Arglosigkeit und auch Resignation.

Einsame Hilfeleistung

Rosi fährt abends alleine mit ihrem Auto durch ein einsames Waldstück. Am Straßenrand parkt ein Personenwagen. Der Fahrer winkt. Augenscheinlich braucht er Hilfe. Rosi verlangsamt, nimmt die Situation wahr und fährt weiter. An der nächsten Telefonzelle hält sie an und informiert die Polizei. Sie hat richtig gehandelt: Sie hat erkannt, daß sie sich selber gefährdet hätte, wenn sie angehalten hätte; und sie war über die Rechtslage informiert, der zufolge alle verpflichtet sind, Hilfe zu leisten, bei einer möglichen Eigengefährdung davon jedoch absehen und schnellstmöglich Hilfe holen können.

Sicherer zu zweit?

In den allermeisten Fällen gehen Frauen davon aus, daß sie zu zweit erheblich sicherer seien. Mütter sind beruhigt, wenn sie ihre Tochter in Begleitung von Freundinnen wissen, meist in Erinnerung an Gefühle in vergleichbaren Situationen, in denen sie zu zweit waren. »Ich spüre weniger Angst.« – »Ich fühle mich sicherer.« – »Ich fühle mich stärker.« Erst in zweiter Linie wird pragmatisch überlegt: »Wenn eine belästigt wird, kann die andere Hilfe holen.« Fast nie sprechen Frauen ab, wie sie in einer gefährlichen Lage handeln wollen. Im nachhinein erklären Frauen häufig, daß eben deshalb die Situation unübersichtlicher und gefahrvoller geworden sei. Und nicht selten wird das Verhalten der Begleiterin oder der Freundin nachträglich als Enttäuschung oder Versagen beurteilt. »Auf Frauen ist eben kein Verlaß«, heißt es dann.

Die sechzehnjährige Gina radelte am Nachmittag mit ihrer gleichaltrigen Freundin Sabrina durch einen Park. Sie steigerten sich geradezu in Vorstellungen hinein, was ihnen auf diesem Weg alles passieren könnte. »Der eine lauert hinter dem Baum auf uns. Ein anderer springt vom Baum herab. Männer stellen sich uns in den Weg.« Mit einem Male hörte sie ein Rascheln im Gebüsch, Sekunden später trat ein Mann heraus. Voller Entsetzen und Angst blieb Sabrina stehen, während Gina wie von Sinnen an ihr vorbeiraste. Sabrina: »Wie gebannt sah ich der flüchtenden Gina nach, völlig fassungslos, und konnte nicht glauben, daß sie mich im Stich ließ. Nie im Leben hätte ich das von ihr gedacht.« Im Gespräch wurde klar, daß

Sabrina davon ausgegangen war, daß ihr Gina zu Hilfe eilen würde, die sie als die mutigere eingeschätzt hatte. Gina wiederum glaubte, daß Sabrina die Situation einschätze wie sie und die Flucht ergreifen würde. So raste sie davon und merkte erst nach geraumer Zeit, daß Sabrina zurückgeblieben war.

Eine ähnliche Situation erlebten die vierzigjährige Reinhild und die fünfzigjährige Jessica auf ihrer Radtour. Als sie gerade in der Mitte einer Brücke waren, tauchten am anderen Ende junge Männer auf. »Ich verständigte mich kurz mit Reinhild«, erzählte Jessica. »Weiterfahren oder umkehren? Wir fuhren weiter.« Da die Männer zu Fuß unterwegs waren, glaubten sie nicht, daß die Lage bedrohlich werden könnte. Falls doch, sollte die, die sich befreien konnte, so schnell wie möglich das Weite suchen und Hilfe holen. Niemand stellte sich ihnen in den Weg. Ungehindert fuhren sie weiter.

Allein unterwegs

Zwei zusammen fühlen sich – zu Unrecht – oft sicherer als alleine. Das bedeutet aber auch, daß sie weit weniger aufpassen, weniger umsichtig sind als alleine. Eine Frau, die beispielsweise nachts allein auf der Straße geht, ist häufig besonders wachsam, beispielsweise die dreißigjährige Mathilde, spät abends auf dem Nachhauseweg, müde und ein wenig traurig. Wenige Leute sind noch unterwegs. In der Ferne nimmt sie einen einzelnen Mann wahr. Ihre Wege werden sich kreuzen. »Ich verspürte keine Angst. Ich hatte Tränen in den Augen, und ich wollte nicht, daß ein Fremder dies sah.« Daher wechselt sie die Straßenseite und ist mit ihrer Entscheidung zufrieden. Manche Frau mag einwenden, Mathilde habe klein beigegeben, sei der Situation ausgewichen. Eine andere sagt vielleicht: »Ich bin immer ausgewichen, will mich jetzt jeder Situation stellen.« Mathilde aber sieht dies nicht so. Und im übrigen kann Ausweichen tatsächlich der sichere Weg sein.

Das Beispiel der Psychologin Franziska zeigt, wie verschlungen der Weg sein kann, für sich selbst eine Situation und ihre Gefährlichkeit aufzuklären, wieviel schonungslose Offenheit sich selbst gegenüber dies erfordern kann. Der Klient M. hatte sein Netz ausgeworfen, und Franziska war unbemerkt mehr und mehr hineingeraten. Einmal pro Woche kam er in ihr Büro, um den Fortgang seines Anliegens zu erfahren. Er verabschiedete sich regelmäßig mit den Worten: »Das nächste Mal könnten wir uns doch in meiner Wohnung treffen«, erzählt sie. Da sei es um einiges gemütlicher als im Büro. Er werde was zum Essen und zum Trinken bereitstellen. »Jedes Mal fühle ich mich überrumpelt und bringe es nicht fertig, mit einem klaren und nachdrücklichen Nein zu antworten.« Statt dessen sagt sie »vielleicht, ich überlege es mir«, ist sie über sich selbst irritiert. Direkt gefragt, ob der Klient ihrer Ansicht nach mit ihr ins Bett gehen wolle, stutzt sie einen Moment und errötet dann. »Natürlich will M. mit mir schlafen, ich bin mir absolut sicher. Das erklärt sein Verhalten, und es erklärt mein Empfinden in seiner Gegenwart.« Bei einem klaren Nein Franziskas hätte der Klient sein sexuelles Verlangen vielleicht zur Sprache gebracht, die Psychologin hätte dazu Stellung nehmen müssen, obwohl sie eben diese Möglichkeit, daß ein solches Verlangen in einer Arbeitsbeziehung auftauchen könnte, hartnäckig zu verdrängen versucht hatte. Mit ihren vagen Antworten wollte Franziska diese Erkenntnis und eine eventuelle Aussprache vermeiden.

Der Gefahr ins Auge sehen

Ein gewisser Trotz, gepaart mit Resignation, gegenüber der Möglichkeit, in eine Lage der Hilflosigkeit, der Gefährdung zu geraten, hat für die 25jährige Roswitha eine unsichere Situation unnötig verlängert und verstärkt. Roswitha hatte keine Zigaretten mehr im Haus. Der nächste Automat war ganz in der Nähe, sie kannte den Weg dorthin gut, und gewöhnlich begegnete ihr niemand. Es begann zu dämmern, als sie das Haus verließ. Sie hatte es nicht eilig und schlenderte die vertraute Straße entlang. »Als ich um die letzte Ecke vor dem Automaten bog, sah ich einen Mann davor stehen.« Wird schon in Ordnung sein, dachte sie sich dann, ging zum Automaten, zog sich die Zigaretten. Erleichtert stellte sie fest, daß der Mann sich nicht für sie zu interessieren schien. Unbehelligt machte sie sich auf den Rückweg. Wenig später hörte sie, daß jemand hinter ihr ging. »Was soll's, sicher ist es der von vorhin. Wenn ich mich jetzt umdrehe, denkt er vielleicht, ich habe Angst, oder er sieht es als Anmache. Was soll er denn schon von mir wollen?« Geld hatte sie keines dabei, Zigaretten hatte er sich selbst geholt, und vergewaltigen würde er sie wohl kaum wollen. »Es wird mir schon nichts passieren, wollte ich das in mir aufsteigende Unbehagen, die Verunsicherung beruhigen. Außerdem, wenn er vorhaben sollte, mich zu vergewaltigen, was bleibt mir denn?« Schreien? »Das könnte ich versuchen. Aber hier? Hier würde mich sowieso niemand hören. Und wenn doch, würde niemand zu Hilfe eilen.« Roswitha erinnert sich weiter: »Ich hörte die Schritte immer näher kommen und mich schließlich einholen.« Wie sie vermutet hatte, war es der Mann vom Zigarettenautomaten, der sie erreicht hatte. »Entschuldigen Sie bitte, könnten Sie mir das Markstück gegen ein anderes eintauschen? Der Automat nimmt meine Münze nicht an.« Sie habe kein weiteres Markstück bei sich, entgegnete sie. »Danke«, sagte der Mann, »dann werde ich in der nächsten Wirtschaft meine Zigaretten holen müssen«, und ging fort. Roswitha: »Ich wollte die Möglichkeit einer Gefahr einfach nicht erkennen. Es schien mir erträglicher zu hoffen, daß mir keine Gefahr drohen könne. Selbst als ich die Schritte hinter und dann sogar neben mir hörte, wollte ich einer potentiellen Gefahr nicht ins Auge blicken.« Aus diesem Grund hatte sich Roswitha, obwohl Zeit genug gewesen wäre, keine Verhaltens- und Reaktionsweisen überlegt für den Fall, daß der Mann sie tatsächlich belästigt oder angefaßt hätte.

Der Blick zurück

Die häufigsten Gründe, warum Frauen sich nicht umdrehen, sind: »Der andere könnte denken, daß ich Angst habe.« – »Der Mann könnte den Blick zurück als Interesse für ihn oder als Einladung verstehen.« – »Der Blick zurück könnte genügen, den anderen auf mich aufmerksam zu machen.« – »Ich habe zuviel Angst, um mich umzudrehen, auch wenn ich vom Verstand her lieber die Lage klären würde.« Daß Frauen sich trotz ihrer Angst bzw. wegen ihrer Angst nicht umdrehen und die Lage klären, ist emotional verständlich und nachvollziehbar, und dieses Verhalten gilt auch beharrlich als die angeblich richtige Strategie. Es gibt jedoch eine Alternative, die im Rollenspiel trainiert werden kann – nämlich sich umzudrehen. Ein kurzer Blick zurück hat große Vorteile, die schnell einzusehen sind: Erstens weiß ich dann, wer hinter mir geht, tatsächlich ein bedrohlich wirkender Mann oder bloß ein Junge, eine Frau, ein Mädchen. Zweitens überprüfe ich, ob es eine Person oder aber mehrere sind. Drittens setze ich mich darüber ins Bild, wieweit der oder die »Verfolger« entfernt von mir sind. Viertens beziehe ich das, was ich gesehen habe, in mein weiteres Vorgehen mit ein.

Könnte es sein, daß Frauen sich nicht vergewissern, wer ihnen folgt, um mit der Vorstellung vom überlegenen Mann weiterzuleben? Könnten sie eine Scheu davor haben, beim Blick zurück festzustellen, daß eine Auseinandersetzung mit dem Verfolger durchaus aussichtsreich wäre? Frauen reagieren mit Verblüffung und Erstaunen auf die Frage, wer in einer Gefahrensituation die überlegene Person gewesen sei, sie, die Frau, oder er, der Mann? Die wenigsten Frauen und Mädchen konfrontieren sich jemals überhaupt mit so einer Überlegung. Die zwanzigjährige Gerda hat sich dieser Frage gestellt und folgende Erfahrung gemacht: »Ich spürte, daß mir jemand nachging, und bekam entsetzliche Angst. Statt mich wie gewohnt im Gefühl des Ausgeliefertseins zu bestärken, schaute ich mich kurzentschlossen um. Ein kleiner Junge trottete hinter mir her, beachtete mich gar nicht. Erleichtert setzte ich meinen Weg fort. Normalerweise hätte ich nun für längere Zeit völlig umsonst Angst gehabt, bis sich unsere Wege getrennt hätten.«

Die Studentin Barbara findet es unsäglich traurig und nicht zu rechtfertigen, daß Frauen und Mädchen sich immerzu mit der Frage ihrer persönlichen Sicherheit auseinandersetzen sollen. Tagtäglich fährt sie mit der S-Bahn in die Universität. Fast täglich werde sie von Männern, jungen, alten, dünnen, dicken, großen, mickrigen, angeglotzt, angelabert, begutachtet. Was sie über sich selber denke? »Mit mir könnt ihr es ja machen. Ich habe aufgegeben«, sagt sie, »ich wehre mich nicht mehr.« Was sie dabei fühle? »Ohnmächtige Wut«, sagt sie. Und was sie über Männer denke? »Männer beherrschen Frauen, Männer sind schlecht«, sagt sie. Die Feministin Alice Schwarzer habe einmal gesagt, Männer seien nicht per se schlechter als Frauen, sie hätten nur zu viel Macht. Was sie dazu denke? »Das kann schon so sein«, meint Barbara. »Ich für meinen Teil möchte, daß Männer aufhören, Frauen anzuglotzen, anzulabern, zu belästigen, kurz: zu beherrschen. Wenn ich genug Geld zusammen habe, kaufe ich mir ein Auto. Dann muß ich nicht mehr mit der S-Bahn fahren.«

Es gibt also eine ganze Reihe von Denk- und Verhaltensweisen, mit denen Frauen und Mädchen versuchen, Gefahrenpotentiale zu übersehen. Sie suchen ihre Rettung darin, eine eventuelle Gefahr zu ignorieren, sich in falscher Sicherheit zu wiegen. Wenn sich Mädchen und Frauen mit Selbstverteidigung und Selbstbehauptung beschäftigen, können sie solche Strategien des Ignorierens aufspüren und sich anstelle solcher Denkgewohnheiten alternative Handlungsmöglichkeiten überlegen. Gespräche und Verhaltensweisen von Frauen und Mädchen im Rollenspiel zeigen immer wieder, wieviel Überwindung es zum Beispiel kostet, sich umzuschauen, um die Situation zu klären, um zu wissen, wer hinterherkommt, und sich dann der Gefahr zu stellen oder aber erleichtert festgestellt zu haben: keine Gefahr. In den Beispielen des Kapitels wurde aber deutlich, daß entsprechende Planung – die Absprache mit der Begleiterin, voraussehendes Verhalten im Aufzug, entsprechende Absicherung des Arbeitsplatzes – mögliche Gefahren sicherlich nicht gänzlich ausschalten, wohl aber verringern kann. Vor allem aber verschafft sie Handlungsspielräume, da sie hilft, frühzeitig Unangenehmes oder Gefährliches zu erkennen und sich darauf einzustellen.

Der Beschützer – die Beschützte

In der Literatur tauchen wiederholt Frauen auf, die, in Männerkleidung gehüllt, dem Zugriff männlicher Begierde und Verfolgung sich entzogen haben. Aus der Zeit, als die Frauen ihre Körper in Korsetts einschnürten, wird berichtet, daß Frauen in Ohnmacht fielen. Vielleicht war die eine oder andere Frau darunter, die, eine Ohnmacht vortäuschend, die Zudringlichkeit eines Verehrers abzuweisen suchte oder sich auf diese Weise einer Bedrohung entziehen wollte. Anzunehmen ist, daß der eine oder andere männliche Bedränger sich zum Beschützer der ihm hilflos Ausgelieferten (Dame) wandelte. Ebenso denkbar ist, daß Frauen im Zustand der (echten) Ohnmacht vergewaltigt wurden.

In sicher abgeschwächter Form greifen auch heute noch Frauen und Mädchen nach männlicher Kleidung, die ihre Geschlechtlichkeit nach außen hin tarnen soll. Sie verdecken alle sichtbaren weiblichen Attribute, hüllen sich in weite Gewänder, bedecken ihr Haar. Dieser Schutz trügt, wenn mit der Verkleidung des Körpers die eigene Verletzlichkeit umgangen wird, statt daß das Bewußtsein darum in vorausschauende Wachsamkeit der seelischen und körperlichen Kräfte umgesetzt wird. Frauen und Mädchen, die ihren Schutz in der Verkleidung suchen, empfinden und behandeln ihren Körper als Last und Bürde. Frauen, die ihren Körper vorrangig als Ballast sehen, können kaum ihre Körperkräfte und Widerstandsfähigkeit voll einsetzen.

Aus Zufall behielt Heidi nach dem Kegeln ihre Turnschuhe an und ließ die Stöckelschuhe in der Tasche. Bereits bei der Einfahrt in die Tiefgarage ihres Wohnhauses bemerkte sie einen ihr unbekannten Mann vor der Tür, die ins Haus führte. »Ich fuhr zu meinem Stellplatz, öffnete so leise wie möglich die Autotür und schlich auf leisen Turnschuh-Sohlen zum anderen

Aufgang der Tiefgarage«, berichtet sie. So sei sie der Aufmerksamkeit des Mannes entgangen; ihre leisen und bequemen Schuhe hätten sie vor einer eventuell gefährlichen Situation bewahrt. Die einen setzen bewußt auf praktische Kleidung, was nicht automatisch den entscheidenden Vorteil bedeutet. Andere Frauen und Mädchen suchen Schutz und Tarnung in männlicher bzw. geschlechtsneutraler Kleidung und Aussehen. Der weitaus überwiegende Teil aber greift nach dem männlichen Beschützer selbst – eine manchmal verzwickte, hin und wieder verhängnisvolle Entscheidung. Frauen und Mädchen erwarten stillschweigend den männlichen Schutz, fordern ihn bisweilen auch explizit ein. Darüber hinaus sehen sie sich manchmal auch ganz unverhofft unter männlichen Schutz gestellt und haben sich diesem zu fügen. Der Glaube an den männlichen Beschützer bestimmt weibliches Denken und Handeln in starkem Maße. Daher stellt sich die Frage, wie erfolgversprechend der Handel mit dem physisch stärkeren Geschlecht ist. Mädchen und Frauen soll dabei ihr berechtigter Anspruch auf männlichen Schutz keinesfalls abgesprochen werden. Sie sollen aber verhindern, daß »Beschützer« die übernommene oder übertragene Rolle eigenmächtig für die eigenen Belange und Interessen gegen die zu Beschützende ausnützen.

Die männliche Ehre des Beschützers

Die Soziologin Ursula Richter (1988) zeigt, daß über Jahrhunderte hinweg in unserem Kulturkreis gesellschaftliche Werte und Rechtsformen vorherrschten, die fast oder gar ausschließlich Männern das Recht auf die Wiederherstellung ihrer persönlichen Ehre einräumten. Wollte sie zum Beispiel die Verleumdung eines eifersüchtigen Ehemannes widerlegen, brauchte die Frau einen Mann, der für ihre Unschuld zu zeugen bereit war; trug der den Sieg davon, war auch sie wieder frei von Schuld und gesellschaftlicher Ächtung. »Ehre bedeutet ihm (dem Mann) Stärke, Besitz und Anerkennung, Beleidigung den Verlust derselben. Kränkungen ihrer (der weiblichen) Ehre wurden nur als solche anerkannt, wenn sich ein Mann dadurch beleidigt fühlte, anderenfalls war die Frau weder beleidigungsfähig noch konnte sie durch ihr Handeln Ehrlosigkeit beheben.« Wenn sich zwei Frau duellierten, was selten, aber doch gelegentlich vorkam, wurden ihnen fast nie Bedürfnisse nach Wiederherstellung ihrer gekränkten Ehre, sondern Eifersucht und Haß unterstellt, wie Ursula Richter aus dem »Duellbuch« von 1896 zitiert: »Von Zeit zu Zeit tauchen immer wieder Nachrichten über Damenrencontres auf, und diese werden nie völlig verschwinden können, solange die Eifersucht das Blut der Vertreterinnen des schönen Geschlechts in Wallung versetzt und der Haß den zarten Händen die Waffe in die Hand drückt.«

Frauen durften in der Regel, wie gesagt, nicht selbst für ihre eigene Sache eintreten, kämpfen, da sie sich im Gebrauch der Waffe nicht auskannten. Nur wenn sie keinen Kämpfer finden konnte, mußte oder durfte sich bisweilen die Frau zum Kampf stellen. In der Schweizer Chronik (1548) wird von einem solchen Kampf berichtet: »Das Weyb lag ob und gewann den Kampf.« Trat eine Frau gegen einen Mann zum Kampf an, hatte sie eine reelle Chance, denn für den Kampf zwischen Frau und Mann wurde die Kampfstätte auf besondere Weise vorbereitet, so Ursula Richter (1988, 132). Er durfte die runde Grube, die für ihn ausgehoben wurde und die ihm bis zum Gürtel reichte, nicht verlassen, sich nicht einmal auf deren Rand stützen. Als Waffe bekam er eine Keule. Die Frau hatte ein Tuch von gleicher Länge, in dessen Ende ein schwerer Stein eingeknotet war. Riß der Mann die Frau zu sich in die Grube, konnte er sie töten. Das gleiche Los harrte seiner, wenn die Frau das Tuch mit dem Stein so um seine Keule schlagen konnte, daß sie ihn zugleich wehrlos machen und umreißen konnte.

Dieser Ausflug in die Geschichte des Duells zeigt: Frauen mußten ihre gekränkte Ehre oder körperliche Verletzung, von wenigen Ausnahmen abgesehen, ausschließlich durch die Hand eines Mannes verteidigen. Auch in der Gegenwart kommt es zum Schlagaustausch unter Männern, wenn ein Mann die Frau, Freundin oder Tochter eines anderen demütigt, beleidigt oder verletzt. Der Übergriff eines Mannes auf »den eigenen Besitz« verletzt die männliche Ehre, den männlichen Stolz. Dies erfuhr eine Frau, die in der Kindheit vom besten Freund ihres Vaters sexuelle Gewalt erfahren hatte. Dreißig Jahre später stellt sie ihn zur Rede und fragt ihn dabei: Was würde er tun, wenn seiner eigenen Tochter derartiges Unrecht zugefügt würde? »Ich wollte dir ersparen, daß ein stümperhafter Anfänger dir deine Unschuld nimmt. Du warst so ganz anders als meine eigene Tochter. Hätte einer mit ihr getan, was ich mit dir tat, bekäme er es mit mir zu tun und würde es bitter bereuen. Auch meinem besten Freund könnte ich diese Schande, die er mir und meiner Tochter zugefügt hätte, niemals verzeihen.«

Bereitwillig würde der Vater also die Verteidigung seiner Tochter antreten, bereitwillig riskieren die jungen Männer in der Diskothek und der Ehemann auf einem Fest die verbale und nicht zuletzt körperliche Auseinandersetzung, wenn ihre Freundinnen oder seine Frau belästigt werden. Der physisch überlegene, der gewandtere und nicht zuletzt der erfahrenere Streiter wird den Sieg für die Frau davontragen. Die Spielregeln machen die Männer unter sich aus. Die mithin wichtigste Regel, auf die beide Streiter sich gleichermaßen berufen, besteht darin, die Frau von ihrer eigenen Verteidigung auszuschließen. Dafür gibt es Gründe. Selbst der in der Auseinandersetzung unterlegene Mann hat in jedem Fall die Möglichkeit, die Niederlage vor sich selbst und vor der Frau zu rechtfertigen. Der Sieger erwirbt in dieser Perspektive des Verlierers die Geschicklichkeit und Durchsetzungsfähigkeit eines Samuraikämpfers, oder ihm wird unterstellt, daß er allein mit unfairen Mitteln, Schlägen unter die Gürtellinie, die Oberhand behalten habe.

Könnte es sein, daß die Frau von ihrer eigenen Verteidigung

ausgeschlossen bleibt, um von vorneherein zu unterbinden, daß der männliche Gegenspieler einer weiblichen Gegnerin unterliegen könnte? Der männliche Besiegte kann sich des Hohns und des Gespötts fast aller Männer und vieler Frauen sicher sein. Auch wird ein Mann im Ringen mit einer weiblichen Gegenspielerin sein gewohntes, erfolgversprechendes Terrain aufgeben müssen: das Spiel mit den Muskeln, die Einschüchterung durch das Mehr an Körperkraft, die Drohung mit körperlicher Gewaltanwendung. Für die Austragung von Konflikten zwischen Frau und Mann müßten neue, gemeinsame Regeln jenseits körperlicher Auseinandersetzung gefunden werden.

Manchmal vermittelt das Gefecht unter Männern, besonders das der Worte, den Eindruck eines Scheinkampfes wie im folgenden Beispiel. An der Bar eines Theaters diskutierte eine Frau mit ihrem Ehegatten. Während der Vorstellung war sie wiederholt von einem den beiden unbekannten Mann angegrapscht worden. Sie hatte diese Unverschämtheit stillschweigend hingenommen, irgendwann aber wurde der Ehemann aufmerksam. Er herrschte den Mann an aufzuhören, seine Frau zu belästigen. Die Frau selbst war verwirrt über ihre Unfähigkeit zu reagieren, der Gatte fand das Vorkommnis empörend. In der Pause tauchte der besagte Mann an der Bar auf. Es fehlte nicht viel und die beiden Männer wären aufeinander losgegangen. Ein Duell der Worte, geführt zwischen zwei Männern, spielte sich ab, ein Mann kämpfte zum Amüsement des Publikums um die »Ehre« seiner Frau. Der Kampf spielte sich wegen ihr ab, und doch war sie ausgeschlossen. Vielleicht empfand sie, daß ihr zum zweitenmal das Recht auf Selbständigkeit genommen wurde, indem ihr jetzt das Recht abgesprochen war, ihre Ehre selber wiederherzustellen. Sie stand da, wartete ab und versuchte nur ab und zu zu beschwichtigen. Am Ende blieb sie allein; der Fremde war besiegt und irgendwohin verschwunden, der Gatte fortgegangen, um Zigaretten zu holen.

Die beiden Kontrahenten haben ein Scheingefecht geführt.

Der Ehemann interessiert sich in keiner Weise für die verletzten Gefühle seiner Frau. Er fragt sie nicht danach, warum sie sich nicht selber gegen den Fremden und sein Grapschen gewehrt habe, er macht ihr Vorhaltungen, weil sie nicht reagiert hat. Er richtet keine Fragen an sie, kümmert sich um ihre Situation eigentlich gar nicht. Vielmehr nimmt er sich heraus, die Angelegenheit in seinem Sinne, auf seine Weise zu regeln. Sein männlicher Gegenspieler hält sich ebenso an die Regeln des Männerrituals, beruft sich auf seine Unschuld und zieht die Frau nicht mit hinein.

Unsicherer männlicher Schutz

Für Mädchen und junge Frauen stellt sich die Frage, männlichen Schutz in Anspruch zu nehmen oder auf diesen zu verzichten, in besonderer Weise. Die siebzehnjährige Karolin empfindet es als empörend und enttäuschend, muß sie auf einer Party einen der Jungen bitten, sie nach Hause zu begleiten. Andererseits haben sich die wenigsten der jungen Begleiter ihre Verantwortung bewußt gemacht und sich gefragt, ob sie das Mädchen, das sich ihnen anvertraut hat, überhaupt beschützen könnten, zumal gegen einen Erwachsenen. Die Mädchen selber jedenfalls schätzen die auserwählten Beschützer in ihrer Körperkraft höchst verblüffend ein: Entweder sie haben sich darüber nie Gedanken gemacht, oder aber sie reagieren mit Heiterkeit auf eine entsprechende Frage, wenn sie sich die Schmächtigkeit ihrer Beschützer in Erinnerung rufen. Die wenigsten sind überzeugt davon, daß ihr Begleiter sie in einer Gefahrensituation wirksam verteidigen könnte. Fast alle gehen jedoch davon aus, daß ein Mann an ihrer Seite, egal wie stark oder schwach er wirken und sein möge, eine Garantie für Sicherheit und Schutz darstelle, allein schon deswegen, weil eine Frau in Begleitung eines Mannes tatsächlich weniger wahrscheinlich angegriffen wird.

Zu Recht verlangen die Mädchen, in der Nacht von ihren

Freunden nach Hause begleitet zu werden. Zu Recht verlangen dies die Eltern. Die Verliererinnen sind die Mädchen. Schritt für Schritt lernen sie, sich in der Rolle der Beschützten einzurichten. Sie trauen dem Urteil ihres Beschützers mehr als dem eigenen und der eigenen Wahrnehmung. Sie entwickeln so keine eigenständigen Strategien ihres Schutzes und ihrer Wehrhaftigkeit. Dazu werden sie weder im Elternhaus noch in der Schule angehalten. »Ich kann mich nicht erinnern, daß meine Eltern ein einziges Mal mit mir darüber gesprochen hätten, wie ich mich gegenüber einem Mann im Falle eines Übergriffes verbaler oder körperlicher Art verhalten sollte oder könnte«, erzählt die 45jährige Camilla, »darüber sprach man nicht.« Eben solches berichten viele Mädchen auch heute, obwohl schon mehr über Gefahren aufgeklärt wird.

In den USA lernen Mädchen und Jungen ab dem Kindergartenalter in speziellen Schulungsprogrammen, sich gegen Angriffe in acht zu nehmen, sich zu schützen und zu verteidigen. Das erste und bekannteste Projekt dieser Art, das später in ganz Amerika in ähnlicher Form verwirklicht wurde, ist das »Child Assault Prevention Project« (CAPP), in dem die Mädchen ein festes Programm vorgeschriebener Regeln und Verhaltensweisen trainieren. In England existieren vergleichbare Angebote an Schulen. In Deutschland gibt es nichts dergleichen.

Auch am Arbeitsplatz sehen sich Mädchen wie Frauen gezwungen, Schutzbündnisse mit Männern einzugehen. Die sechzehnjährige Sonia sagt: »Fast jeder in der Ausbildung hat es einmal bei mir probiert. Ich war Freiwild für alle fünfzig Männer in meiner Schulungseinrichtung. Ich begriff schnell, daß ich nur die eine Chance hatte, an diesem Arbeitsplatz zu bestehen: Ich mußte ein paar Verbündete gewinnen. Also machte ich mich auf die Suche. Niemand gab mir stillschweigend Schutz. Daher blieb mir nichts anderes übrig, als diejenigen, die ich ausgewählt hatte, direkt darauf anzusprechen. Ich handelte mir auf diesem Wege kleine Privilegien ein. Sie rückten unaufgefordert zusammen, kam ich in die Cafeteria, ließen mich in ihrer Mitte sitzen. Ich konnte mir sicher sein, daß ich weder dumm angeredet, noch einfach übersehen würde.« Solange Sonia darüber wacht, daß ihre Beschützer die vereinbarten Regeln einhalten, wird ihr der Schonraum erhalten bleiben.

Sobald Frauen und Mädchen ihren Beschützern blindes Vertrauen schenken, kann dies unvermutet große Unannehmlichkeiten heraufbeschwören und zur Gefahr werden. »Beschützer entpuppt sich als Sexualtäter. – Auf dem Heimweg von der U-Bahn näherte sich der Frau ein junger Mann und faßte ihr von hinten unter den Rock. Ihr lautes Schreien schlug den Täter in die Flucht. Einen zufällig vorbeikommenden Passanten bat die Studentin, sie nach Hause zu begleiten. Nachdem die Frau, am Ziel angekommen, sich von ihm verabschiedet hatte, bedrängte nun auch der vermeintliche Beschützer die 27jährige. Erst nach heftiger Gegenwehr ließ der Täter von seinem Opfer ab.« (Süddeutsche Zeitung, Sommer 1991)

Wenn im Selbstbehauptungskurs Frauen ihre Erlebnisse und Erfahrungen austauschen, beginnen manche erstmals, ihr Verhalten genauer zu überprüfen. So Theresa, für die ihr Freund einmal nach gemeinsamem Disco-Besuch die Heimfahrt organisierte: Einen der umstehenden Disco-Besucher bat er, sie nach Hause zu bringen. Theresa läßt sich überreden und steigt in das bereits mit vier Männern besetzte Auto. Weder ihr Freund noch die siebzehnjährige Schülerin kennen Fahrer oder Beifahrer. Ihr Fahrrad läßt Theresa vor der Diskothek stehen, ihr Freund bleibt zurück. Theresa kommt gut nach Hause. Erst im nachhinein, als im Selbstverteidigungskurs andere junge Frauen von brenzligen bis gefährlichen Situationen erzählen, in denen vermeintliche Beschützer zudringlich geworden waren, beginnt die Siebzehnjährige über ihr Verhalten nachzudenken.

»Ich bin mir bis heute nicht darüber im klaren«, erzählt Camilla, »ob meine Eltern so naiv gewesen sind zu glauben, daß ein anständiges Mädchen keine Übergriffe zu befürchten habe, obwohl ich mich selbst an mehrere Situationen erinnere, in denen genau das geschah, was meine Eltern wohl für unwahrscheinlich hielten. Ich war vierzehn Jahre alt, als meine Eltern mich einmal zum Dorffest mitnahmen. Mein Vater setzte mich allein an der Bar ab, bevor er mit meiner Mutter auf der Tanzfläche verschwand. Noch wie heute weiß ich, daß ich das einzige Mädchen weit und breit war. Die Männer um mich herum grapschten mich an und beschämten mich zutiefst. Sie prosteten mir zu und machten sich über meine Schamesröte lustig. Ich fühlte mich den Männern, denen mich meine Eltern anvertraut hatten, vollkommen ausgeliefert. Die einzige Stimme, die ich in mir vernahm, war die meines Vaters: ›Einem anständigen Mädchen passiert so etwas nicht!‹ Meine Eltern holten mich nach einiger Zeit wieder an der Bar ab. Ich weiß noch genau, wie sie sich höflich bei den Männern an der Bar bedankten und verabschiedeten. Ich schwieg dieses Mal und viele weitere Male«, sagt Camilla. Camilla ist heute Mutter einer sechzehnjährigen Tochter. Sie findet es sehr wichtig, daß Mädchen heute in Kursen über ihre beschämenden Gefühle sprechen können. »Wenn ich ehrlich bin, erfüllt mich oft jetzt noch große Scham, die mich hindert, in meinen Augen peinliche Dinge mit meiner Tochter zu besprechen.« Vergleichbare Erfahrungen machen viele Mütter ihrer Generation. In Gesprächskreisen haben Mütter heute die Gelegenheit zum Erlebnis- und Erfahrungsaustausch. Gemeinsam können sie Wege finden, mit ihren Töchtern über tabuisierte Themen zu sprechen. Angebote, die großen Anklang finden.

Sorge bereitet vielen Müttern die zunehmende Gewalttätigkeit gegen Mädchen. In besonders gefährdeten Gebieten vor allem der Großstädte gehen viele der Mädchen und jungen Frauen mit Tränengas bewaffnet oder in Begleitung eines jungen Mannes auf die Straße. Daß die Mädchen heute wieder angehalten werden, sich männlichen Schutz zu suchen, erinnert viele der Mütter an ihre eigene Vergangenheit. Der ältere Bruder, ein Cousin, der Freund, der das Vertrauen der Eltern gewonnen hatte, wurde ihnen einst an die Seite gestellt. »Ich hatte keine Wahl«, berichtet zum Beispiel Kirsten. »Aus dem Haus kam ich fast nur mit meinem Beschützer Johannes, einem Cousin. Dieser nutzte seine Rolle als Auserwählter meiner Eltern reichlich aus. ›Küß mich, Kirsten. Wenn nicht, dann sag' ich deinen Eltern, daß es deine Idee war.‹ Die Falle war zugeschnappt.«

Hilfe bei einer Vertrauensperson suchen

Viele Frauen erinnern sich, daß das Schlimmste war, sich an keine Vertrauensperson wenden und keine Hilfe in Anspruch nehmen zu können. Gertrud erzählt, daß sich ihr vor einigen Wochen die Freundin ihrer Tochter anvertraute. Die siebzehnjährige Rut war zur Geburtstagsfeier eines Freundes ihrer Eltern eingeladen. Der fünfzigjährige Gastgeber hatte Rut gebeten, mit ihm ein paar neue Flaschen aus dem Weinkeller heraufzuholen. »Laß' mich dich mal anschauen«, habe der angeheiterte Gastgeber dort dann gesagt. »Du bist ja eine Hübsche.« Der Fünfzigjährige zog das Mädchen an sich und versuchte, auch als sie sich wehrte, sie immer wieder zu küssen. Schließlich konnte sich Rut aus der Umklammerung befreien. Sie sei dann die Treppe hinaufgestürzt, habe sie Gertrud erzählt. Sie sah ihre Eltern mit der Frau des Gastgebers – der sie eben bedrängt hatte – angeregt plaudern. Sie habe sich zu ihnen an den Tisch gesetzt. Der Hausherr öffnete die neue Weinflasche... Rut habe das Gefühl gehabt, führt Gertrud fort, daß alle von ihr erwarteten zu schweigen. Was hätte sie auch sagen können? Hätte sie sagen sollen: Hört mal, der Otto hat mich im Keller geküßt! Oder: Ich schäme mich, ich bin im Keller von Otto bedrängt worden! Rut habe sie alle vor sich gesehen, das betretene Schweigen der Mutter, den vorwurfsvollen Blick der Gastgeberin, ein paar »witzige Bemerkungen« des Vaters, mit denen er die Situation zu retten versucht haben würde, oder die Abfälligkeit, mit der sich Otto ausgelassen hätte über die Zimperlichkeit der modernen Mädchen von heute...

Daß Rut sie und nicht die eigene Mutter ins Vertrauen zog, hat nach Gertrud folgenden Grund: Rut habe von ihrer Mutter zwar keine Vorhaltungen erwartet und auch keine Billigung des Verhaltens von Otto, aber sie wußte, daß die Freundschaft zwischen ihren Eltern und den Gastgebern die Situation schwierig machte: Otto war der Gatte von Mutters Freundin, ein langjähriger Freund des Vaters. Rut fühlte sich nicht schuldig. Sie hatte auch keine Angst vor einem zweiten Übergriff. Wie aber kam ein Freund ihrer Eltern dazu, sich an ihr, der Tochter des Freundes, zu vergreifen? Rut begriff das einfach nicht. Und wie sollte sie sich verhalten, wenn sie Otto bei einem Besuch im eigenen Haus wiedersähe? Rut fand im Gespräch mit Gertrud eine Antwort auf ihre Fragen. Gertrud ließ Rut ihre Scham über das in keiner Weise zu rechtfertigende Verhalten des Mannes aussprechen. Dann entschied Rut, ihre Eltern über das Vorkommnis im Weinkeller zu unterrichten, eine offene Auseinandersetzung mit Otto schied für Rut aus. Ihr verletztes Selbstwertgefühl könne sie durch ein Gespräch mit den Eltern wiederherstellen, fand sie heraus, und zugleich würde es ihr deren Schutz sichern.

Aller Erfahrung nach belastet eine erlittene Belästigung Mädchen (und Frauen) weit weniger, wenn sie jemanden ins Vertrauen ziehen konnten. Daher habe ich in meinen Kursen für Mädchen eine sogenannte Muß-Regel aufgenommen: Mädchen bis zum Alter von 18 Jahren müssen zu ihrem Schutz Übergriffe eines erwachsenen Mannes oder eines Jungen einer ihnen vertrauten erwachsenen Person mitteilen. Sie sollen wissen, daß sie jemanden brauchen, an die oder den sie sich in Fällen von Anmache, Übergriffen, Gewalt wenden können. Wichtig ist, daß die Mädchen eine solche Person haben, die sie ins Vertrauen ziehen würden, wenn ihnen etwas passiert. Es muß eine erwachsene Person sein, denn Mädchen lassen oft und gerne eine gleichaltrige Freundin an einem unangenehmen, verwirrenden oder peinlichen Erlebnis teilhaben und glauben, daß dies ausreiche. Werden Mädchen gefragt, ob sie von einer Freundin oder Schulkameradin in eine beschämende Erfahrung eingeweiht wurden, antworten sie mit überraschender Häufigkeit mit einem Ja.

Wie oben bereits erwähnt, wissen viele der Mädchen nicht, daß dies Bereiche sind, die außerhalb ihrer Verantwortlichkeit liegen und in die Hände einer erwachsenen Vertrauens- und Bezugsperson gehören. Mädchen sollen aber zugleich wissen, daß Erwachsene ihrem berechtigten Anliegen, in ihrer Verletzung und ihrer unangenehmen Erfahrung ernst genommen zu werden, nicht in jedem Fall gerecht werden. Mädchen sollten sich Personen zusammenstellen, an die sie sich im Bedarfsfall wenden würden. Am häufigsten tauchen die Namen von Mutter, Oma, Tante, Lehrerin, der Mutter einer Freundin, der erwachsenen Schwester auf; auffallend wenige männliche Bezugspersonen werden genannt, hin und wieder der Vater und der Opa.

Mädchen, die Erwachsene in ihr Vertrauen gezogen haben, belastet eine erlittene Erfahrung weit weniger als Mädchen, die ihre Gefühle des Ausgeliefertseins, des Nichtverstehens, der Scham und Schuld mit niemandem als sich selbst teilen (können). Heute ist das oft noch schwierig. Vielleicht aber braucht in irgendeiner Zukunft ein vierjähriges Mädchen, dem von drei älteren Jungen auf einem Spielplatz sexuelle Gewalt angetan wurde, ihre Verletztheit und Scham nicht mehr vor ihren Eltern zu verbergen. »Vierjährige von drei Buben sexuell mißbraucht. – Zunächst war dem Vater des Opfers aufgefallen, daß das Kind die Schuhe seitenverkehrt anhatte. Abends beim Baden merkte die Mutter, daß die Tochter den Schlüpfer falsch herum trug. Das Mädchen erzählte, daß es von drei Jungen in ein Gebüsch gelockt und ausgezogen worden sei.« (Süddeutsche Zeitung vom 10. 6. 1992)

Nicht zu vergessen sind die Fälle, in denen Frauen Männer, von denen sie belästigt, bedrängt, bedroht wurden, im nachhinein vor einer Verfolgung und Entdeckung schützen, wie im Falle der beiden Frauen, deren Geschichte im folgenden erzählt wird. Grund waren nicht Mitleid oder Angst vor seiner Rache, sondern die Furcht, sich selbst zu schaden, die eigene Zukunft zu gefährden. Katharina schweigt als Siebzehnjährige im Jahre 1940, Franziska als Sechzigjährige im Jahre 1992.

Fünfzig Jahre danach erzählte Katharina: Sie hatte ein Zimmer in einem Wohnheim für Auszubildende. Der neunzehnjährige Johannes hatte sie wie schon einige Male zuvor in ihrem Zimmer aufgesucht. Sie wußte, er mochte sie; aber sie hatte ihm unmißverständlich gesagt, an einem Liebesverhältnis mit ihm nicht interessiert zu sein. Sie war bereits verlobt. Gegen 22 Uhr bat sie ihn zu gehen, sie sei müde und wolle ins Bett. Johannes sagte, er würde diese Nacht bei ihr verbringen. »Ich redete ihm gut zu. Aber er blieb stur, blieb einfach auf meinem Bett hocken, während ich am Tisch saß.« Was sollte sie machen? Wäre sie laut geworden, wären womöglich andere Heimbewohner gekommen, sie wäre ins Gerede geraten und vermutlich aus dem Wohnheim geflogen. »Da saß ich also und wartete, daß er sich besinnen und verschwinden möge.« Statt dessen stand Johannes mit einemmal auf und versuchte sie auf das Bett zu ziehen. Sie wehrte sich, aber er packte immer fester zu, riß sie zu Boden. »In meiner Not trat ich zu und traf sein Geschlechtsteil.« Laut schrie er auf, sackte zusammen und blieb regungslos liegen. »Mich überkam unbändige Angst, Furcht, er könnte tot sein.« Sie wartete. Die Zeit schien stillzustehen. Irgendwann kam Johannes wieder zu sich. Sie half ihm auf. Er ging. Niemand im Haus hat davon erfahren. »Ich wußte, mein Verlobter hätte mir nie verziehen, wäre etwas davon bekannt geworden. Also schwieg ich, um meinet- und seinetwillen.«

Auch Franziska, eine Sechzigjährige mit zwei erwachsenen Kindern, erzählt ihrem Gatten nicht, daß der Mann eines befreundeten Paares bei einer Begegnung gewalttätig gegen sie wurde. Sie hatte Hans zufällig in einem Kaufhaus getroffen. Er bot ihr an, sie im Auto nach Hause zu bringen, das er in der Tiefgarage des Kaufhauses geparkt hatte. Dort angekommen öffnete er ihr die Tür und stieg selber ein. Bevor sie losfuhren, unterhielten sie sich über dies und jenes. »An dem Tag trug ich ein weitausgeschnittenes Kleid. Für einen Moment spürte ich den Blick von Hans auf meinem Dekolleté ruhen. Er schwieg.« Ihr wurde mit einemmal mulmig. Es sei wohl besser auszusteigen, sagte sie und öffnete die Wagentür. Mit einem Satz sprang Hans aus dem Auto und stand vor ihr, hielt sie mit beiden Händen fest und versuchte sie zu küssen. »Ich schaffte es, mich loszureißen und rannte weg. Er kam hinterher, packte mich erneut, wollte mich zwingen, seinen Küssen stillzuhalten. Ich trat und schlug nach ihm. Schließlich entkam ich aus der Tiefgarage.« Franziska erzählte dies in der Pause eines Seminars für Selbstbehauptung und Selbstverteidigung von Frauen ab fünfzig Jahren. Sie hatte sich nicht getraut, ihr Erlebnis vor den anderen zu besprechen. Ihr Mann wisse von alledem nichts, keinesfalls habe sie ihren Mann damit belasten wollen. Verlegen fügt die Sechzigjährige hinzu: »Vielleicht war an allem das weitausgeschnittene Kleid schuld, das ich an jenem Tag trug.« Die einzige Möglichkeit für sie, den Schaden gering zu halten, war gewesen, zu schweigen.

Frauen und Mädchen neigen dazu, eine unangenehme Erfahrung zu verschweigen, wenn sie sich in ihren Augen nicht erfolgreich zu wehren vermochten, wobei freilich zu bedenken ist, daß andere die Angemessenheit und den Erfolg ihrer Verteidigung vielleicht ganz anders einschätzen. Dagegen sind Frauen wie Mädchen nach einer erfolgreichen Selbstverteidigung eher bereit, den Angreifer selbst zur Rede zu stellen oder vertrauten Personen davon zu erzählen. Frauen und Mädchen zeigen zunehmend, wenn auch erst seit jüngster Zeit, Täter an, obwohl die psychischen Belastungen und Diskriminierungen eines Gerichtsverfahrens auch heute noch für die Anklägerinnen immens sind.

Abschließend sei noch einmal zusammengefaßt, weshalb die traditionelle Strategie der Frauen, sich dem Schutz eines Mannes zu unterstellen, unzulänglich bleibt:

Erstens garantiert selbst die größte Anpassung an die vermuteten Anforderungen des »Beschützers« nicht für den Notfall und auf Dauer Schutz. Vielleicht wird der Mann die Anzüglichkeit eines anderen nicht wahrnehmen oder weniger gewichten als die ihm anvertraute Frau, gegen die sich die Bemerkung richtete; oder er wird in Momenten ernster Gefahr für die Frau fliehen, bevor er selbst das Risiko einer körperlichen Auseinandersetzung und Verletzung eingeht zur Verteidigung seiner Begleiterin. Im übrigen haben die wenigsten Frauen und Mädchen jemals ihre Freunde und Bekannten gefragt, ob diese notfalls für sie kämpfen würden und sich dazu auch für fähig halten. Erstaunlicherweise aber lächeln manche Frauen sogar, wenn sie explizit darauf angesprochen werden: »Der? Niemals könnte der mich verteidigen!« heißt es nicht selten, oder es berichtet die eine oder andere: »Mein Freund hat mir schon gesagt, daß er für mich nicht kämpfen würde.«

Zweitens verhindert eine solche Strategie den wichtigsten und wirkungsvollsten Schutz der Frauen: sich auf sich selbst, auf ihre eigenen Fähigkeiten zu verlassen. Vertrauen Frauen auf den Schutz durch andere, dann verzichten sie darauf, die eigene Wahrnehmung zu schärfen, eigene Vorsichtsmaßnahmen und auch Verteidigungsfähigkeiten zu entwickeln, diese zu üben und sich darauf zu verlassen. Unterläßt andererseits eine Frau jegliche Schutzvorkehrung und zeigt sich völlig unbedarft, macht sie das noch lange nicht schuldig dafür, daß ihr etwas zustößt. In keinem Falle ist die Frau selbst dafür verantwortlich, daß ein Mann sie mit Worten angreift und verletzt, ihr mit körperlicher Gewalt droht oder sie vergewaltigt. Verantwortlich für jede Gewalttat ist in jedem Fall der Mann. Dies gilt ebenso für verbale Übergriffe und mangelnde männliche Sensibilität gegenüber der Integrität einer Frau oder eines Mädchens. Jeder Anschein von Zustimmung, alles Taktieren und das Flehen oder das Aufgeben der Frau in einer Gewaltsituation dienen einzig und allein dem Überleben der Frau, denn in jeder Gewaltsituation geht es für die Frau um ihr Überleben.

Drittens ist längst bekannt, daß ein Großteil der Gewalttaten durch männliche Bekannte, Vertraute, Nahestehende begangen wird, auch wenn es für viele Frauen noch sehr schwierig ist, dies zu akzeptieren und für sich selbst aus dieser Erkenntnis Konsequenzen zu ziehen. Was in den Vereinigten Staaten seit längerer Zeit als »date rape«, Vergewaltigung am Ende einer Verabredung, diskutiert wird, hat bei uns in Deutschland zwar noch keinen Namen, ist aber durchaus eine gefürchtete Gefahr und Realität.

Das dritte Prinzip der Selbstverteidigung: Die eigenen Grenzen verteidigen

Die ersten beiden Prinzipien, das Wahrnehmen der Grenzen und das Erkennen möglicher Gefahr und Bedrohtheit, helfen Frauen und Mädchen, männlicher Einschüchterung, Bedrohung und Gewalt zuvorzukommen. Sie lernen die Mechanismen männlicher Macht und Überlegenheit zu durchschauen, setzen ihre eigene Sichtweise dagegen und finden eigene Formen des Schutzes und der Sicherheit. Gleiches gilt für das dritte Prinzip, die Verteidigung der eigenen Grenze. Das naheliegendste und wirksamste Mittel der eigenen Verteidigung und Behauptung ist die Stimme und die Aussagekraft der Worte. Frauen müssen lernen, daß sie ein Nein nicht zu begründen brauchen, daß sie den Mut fassen, beim Namen zu nennen, was sie stört; sie werden laut und diskutieren die Möglichkeit, in Gefahr Unterstützung von außen einzuholen. Ihre Bereitschaft, selbst für den eigenen Schutz zu sorgen, bezieht die Verteidigung mit gezielten Körpertechniken mit ein. Die größte Stärke des dritten Prinzips aber liegt, wie wir sehen werden, in der Überzeugung und einem entsprechenden Verhalten, es zu keinem körperlichen Kampf mit einem Mann kommen zu lassen.

Frauen und Mädchen sind überwiegend der Meinung, daß Worte bei der Verteidigung nicht die gewünschte Wirkung erzielten, daß die weibliche Stimmkraft der männlichen unterlegen sei. Sie berufen sich dabei auf ihre eigenen oder die negativen Erfahrungen anderer. »Ich schrie ihn an: Laß mich in Ruhe, hau ab, verschwinde! Er trabte vergnügt weiter hinter mir her und laberte mich voll«, erzählt Constanze. »Ich bin mir sicher: Auch wenn ich laut um Hilfe schreie und andere mich hören sollten, wird mir niemand zu Hilfe kommen«, meint Regine. »Mir fällt der passende Spruch immer erst nachher ein. Selbst im Traum versagt meine Schlagfertigkeit«, so Ulli.

Frauen reagieren sehr sensibel, wenn ihre Stimme überhört, mißachtet oder übergangen wird, und auf Grund der gesellschaftlichen Rolle der Frau wird die weibliche Stimme, wird ein weiblicher Wortbeitrag oft übergangen. Andererseits setzen Frauen wegen der gesellschaftlichen Ächtung weiblicher Lautstärke ihre Stimme selten laut ein, melden sich selten energisch und nachdrücklich zu Wort, obwohl für die einzelne Frau sehr viel, manchmal ihr eigenes Leben davon abhängen kann, daß sie sich mit ihrer Stimme durchsetzt. Bei wieder anderen Frauen weckt die Angst, daß die Stimme versagen könnte, schmerzliche Erinnerungen.

Nichtsdestotrotz ahnen fast alle Frauen und Mädchen, welches Machtpotential die Stimme bietet, wird sie durchdacht und ohne Scheu eingesetzt. Die Bewunderung für Frauen, die den Mut haben und die Unverfrorenheit, den anmaßenden Männerblick mit einem treffsicheren Spruch zurückzugeben, ist groß. Daß Frauen und Mädchen sich in ihrer verbalen Verteidigung als unsicher erleben, liegt vor allem an der mangelnden Übung. Die ungeheure Vielfalt und Nuanciertheit verbaler Selbstbehauptung kennen die wenigsten. Folgendes ist die Erfahrung eines Großteils der Teilnehmerinnen in Selbstverteidigungskursen: »Ich hatte nur eine schwammige und undeutliche Vorstellung, wie ich mich in Gefahrensituationen verhalten würde bzw. wie ich reagieren könnte. Irgendwie, so hoffte ich, würde ich schon heil herauskommen. Mir darüber Gedanken zu machen, auf welche Fertigkeiten und Fähigkeiten ich bauen konnte, hielt ich nicht für notwendig«, sagt Annette. »Seit ich angefangen habe, mich mit den Möglichkeiten meiner Verteidigung und Behauptung auseinanderzusetzen, ist mir das erstemal so richtig klargeworden: Mich kann ein Mann verletzen. Nach wie vor fällt es mir schwer, dies zu begreifen. Außerdem habe ich erkannt, daß ich mich sorglos verhalten habe. Und schließlich ertappe ich mich bei dem Gedanken, ob ich und andere Frauen und Mädchen überhaupt etwas für unseren Schutz tun sollen. Meistens passiert ja nicht wirklich was.« Eine Hoffnung von Frauen und Mädchen, die sich für viele früher oder später widerlegt hat. Sich mit Reaktions- und Verhaltensmöglichkeiten auseinandergesetzt zu haben erweist sich dann als hilfreich.

Einem Mädchen und zwei Frauen gelang es, kraft ihrer Stimme und ihrer Worte aus einer gefahrvollen Situation zu entkommen bzw. sich gegen eine unverschämte diskriminierende Bewertung zu verwahren: Eine zehnjährige Schülerin sucht während des Unterrichts die Mädchentoilette auf. Die Gänge sind leer, sämtliche Schülerinnen, Schüler und Lehrkräfte in den Klassenzimmern. Das Mädchen geht in die Toilette, die Tür fällt hinter ihr ins Schloß. In einer der sechs Toiletten hat sich ein Mann versteckt. Sein Angriff kommt für das Kind vollkommen überraschend. Der Mann baut sich drohend vor dem Mädchen auf. Er versucht sie in eines der Abteile zu zerren. Die Zehnjährige schreit wie wahnsinnig. Damit hat der Angreifer nicht gerechnet. Das ohrenbetäubende Geschrei des Mädchens durchkreuzt seinen Plan. Voller Wut packt er sie, wirft sie zu Boden. Dann flüchtet er.

Eine Studentin wird im Park von einem Mann angefallen. Nach heftiger körperlicher Gegenwehr gelingt es ihr, den Angreifer in ein Gespräch zu verwickeln. Sie will ihm sein Vorhaben, sie zu vergewaltigen, ausreden, spricht fortwährend auf ihn ein. Einen Moment lang verschafft sie sich Gehör. Sie plädiert zunächst an die Vernunft des Mannes, gibt auch nicht auf, als er erneut körperliche Gewalt anwendet. Ein zweites Mal verschafft sich die junge Frau Gehör. Mit Erfolg dieses Mal. – Sie durchkreuzte seinen Plan, indem sie seiner Macht entgegentrat. Ihre Intuition und ihre Willenskraft, ihre Schläue und Gewieftheit siegten über seine Körperkraft. Sie macht ihm einen Vorschlag: »Hier hast du 150 Mark. Nimm sie und geh damit ins Bordell.« Er ergriff das Geld und verschwand.

Das dritte Beispiel handelt von einer Frau, die die seelischen Wunden nach einer Vergewaltigung in der Therapie aufarbeiten und heilen wollte. Der Täter war von der Frau angezeigt und vom Gericht verurteilt worden. In der dritten Sitzung mit dem Therapeuten machte dieser folgende Bemerkung: Sie solle sich auch die Situation und Lage des Mannes, der sie vergewaltigt hatte, vergegenwärtigen; auf Grund ihrer Anschuldigung sei dessen weitere Zukunft, sein Lebensweg zerstört worden. Für die Frau ist die Bemerkung des Therapeuten eine große Kränkung; ihre knappe und klare Antwort: Sie steht auf, sagt: »Sie sehen mich nicht wieder!« und geht.

Wehren und behaupten sich Frauen und Mädchen auch erfolgreich ohne Selbstverteidigungstraining? Die Antwort lautet: Ja. Doch Frauen und Mädchen sind zunehmend weniger bereit zu akzeptieren, daß das Schicksal über Erfolg oder Mißerfolg ihrer Verteidigung entscheidet. Ihr Ansinnen, ihre Verteidigung zu überdenken und zu verbessern, kratzt aber an den tragenden Säulen männlicher Herrschaft. Weil im traditionellen Verhältnis der Geschlechter in unserer Kultur der Mann übergeordnet ist und der Frau gegenüber Privilegien – sprich: Macht – hat, scheint die Anwendung von männlicher Gewalt als Ordnungsfaktor existierender Herrschaftsverhältnisse rechtens. »Die Gewalt von Männern über Frauen erscheint als eine Art Gewohnheitsrecht, als ungeschriebenes Vorrecht.« (Richter 1991, 143) Frauen und Mädchen, die in Selbstverteidigungs- und Selbstbehauptungskursen ihre Selbstsicherheit, ihre Schutzfähigkeit und Widerstandskraft üben, tun dies in aller Regel für sich selbst. Nur für wenige steht damit auch die gesellschaftliche Analyse des Gewohnheitsrechts, der strukturellen Gewaltbeziehungen einer patriarchalischen Gesellschaft in einem bewußten Zusammenhang. Was sie leitet, ist in erster Linie die individuelle Erfahrung des Ausgeliefertseins und der Ohnmacht in einer konkreten Situation. Das Anliegen, sich Techniken anzueignen, um sich gezielter und wirkungsvoller gegen männliche Gewalt zu wehren, ist unter den gegebenen Lebensbedingungen für Frauen und Mädchen berechtigt und (lebens-)notwendig zugleich. Es erspart allerdings nicht die Frage nach den gesellschaftlichen Ursachen dieser Gewalt.

Im folgenden werden Techniken beschrieben, wie Frauen und Mädchen sich kraft ihrer Stimme zur Wehr setzen, wie sie sich verbal behaupten. Da viele von ihnen sich der Berechtigung ihres Widerstandes, ihres Widerspruchs im unklaren sind, wird auch die Frage nach dieser Berechtigung behandelt werden.

Ein Lächeln, das der Stimme widerspricht

Und mit einem Lächeln auf ihren Lippen sagt sie dem ihr unbekannten Mann, der wie zufällig wiederholt über ihre Schenkel streicht: »Bitte nicht doch.« Noch einige Male streicht seine Hand über ihr Knie. Dann wendet er sich mit einer demonstrativen Gestik der Desinteressiertheit wieder seinen eigenen Dingen zu. Sie realisiert, daß er weiterhin Kontrolle und Macht über ihre Gefühle und ihr Handeln hat.

Die eine lächelt, um ihm und sich zu vergewissern, daß er sie nicht gekränkt habe. Eine andere, weil sie sich so ihre Weiblichkeit und Attraktivität bewahre. Die dritte, weil ja einer lächelnden Frau kein Mann körperliche Gewalt antun werde. Lächeln führt jedoch in den wenigsten Fällen zum Ziel. Es signalisiert Nervosität und auch Entschuldigung. Es hat in einer unangenehmen Situation nichts mit Freude und Vergnügen zu tun, vielmehr ist das Lächeln eine Geste der Besänftigung und auch der Unterwerfung. Das Lächeln kann, wenn es bewußt eingesetzt wird, auch zum Erfolg führen. In der konkreten Arbeit mit Frauen und Mädchen etwa im Rollenspiel zeigt sich jedoch, daß die meisten ganz und gar unbewußt zur Geste des Lächelns greifen. Das ist auch der Grund, warum nicht selten die Stimme, die Worte durch ein Lächeln konterkariert werden, wie im obigen Beispiel. »Ich habe gar nicht gewußt, daß ich gelächelt habe.« – »Das kann ja nicht wahr sein, ich bin entsetzt über mein Lächeln.« So geht es manchen. Beim Versuch, es zu unterlassen, erlebt die Frau häufig, daß sie in der nächsten Rollenspielszene wieder lächelt. Ein Lächeln wird der

Frau nicht helfen, sich Respekt zu verschaffen und Kontrolle über das Handeln des anderen zu erzielen. Frauen erfahren jedoch am eigenen Verhalten und an dem anderer Frauen, daß das hilflose Lächeln ein weit verbreitetes Phänomen ist. Frauen und Mädchen können sich für diese spontane, aber unproduktive Reaktion sensibilisieren.

»Ich hatte mir fest vorgenommen, beim nächstenmal die Anrede ›Süße‹ des Kollegen nicht wie sonst mit einem Lächeln zu quittieren. Es ging nicht. Mein Lächeln war mir wie ins Gesicht geschrieben.« Tatsächlich: Ein leichtes Lächeln umspielte stets ihre Mundwinkel. Corinna macht eine kleine Übung. Sie nimmt beide Hände zum Gesicht und fährt mit den Fingerspitzen sachte die Linien der Gesichtsfalten nach. Sie wiederholt dies einige Male. So streicht sie sich ihr Lächeln aus dem Gesicht. Als sie ihre Hände vom Gesicht nimmt, sind ihre Gesichtszüge sichtbar verändert: klar, beherrscht. Mehrmals täglich wiederholt, läßt diese Handbewegung nach und nach ein ins Gesicht geschriebenes Lächeln verschwinden.

Dies ist eine der Übungen, die helfen, das Lächeln abzulegen. Frauen und Mädchen ertasten, wie sich ihre Gesichtszüge mit und ohne Lächeln anfühlen. Mit den Fingerspitzen fahren sie sachte den Linien der Gesichtsfalten nach und erleben, wie nach und nach selbst ein ins Gesicht geschriebenes Lächeln verschwindet. Die Gesichtskonturen der Frauen und Mädchen sind nach dieser Übung sichtbar verändert. Die Gesichtszüge sind klar, ernst und überzeugend in ihrer Verantwortlichkeit für sich selbst.

In einer zweiten Übung spielen die Frauen Situationen nach, in denen sie typischerweise zu lächeln geneigt sind. Umstehende Frauen übernehmen die Aufgabe, darüber zu wachen, ob sich das Lächeln einstellt. Ist dies der Fall, rufen sie laut »stop«; die betreffende Frau hält für einen kurzen Moment inne und denkt laut über den Grund ihres Lächelns nach. Da sagt dann zum Beispiel Irene, die lächelt, als ihre Spielpartnerin in der Rolle ihres Kollegen sie »Süße« nennt: »Eigentlich ist

es mir nicht so wichtig, ob er mich ›Süße‹ nennt; ist doch egal.«
Nachdem sie sich die Resignation in dieser Reaktionsweise klargemacht hat, stellt sie eine neue Überlegung an: »Es mag ja sein, daß es nicht so wichtig ist. Aber ›Süße‹ klingt eindeutig herabsetzend. Ich will, daß der Kollege meinen Namen benutzt. Ich heiße Irene.«

Das Recht, Dinge bei ihrem Namen zu nennen

Frauen und Mädchen haben eine große Scheu, auszusprechen, was sie irritiert, verletzt, kränkt. Dies trifft im besonderen solche Situationen, in denen Männer in ihrem Auftreten gegenüber Frauen wie spielerisch sexuelle Anspielungen, geschmacklose Bemerkungen und »Witze« einfließen lassen. In manchen Betrieben wird kein Vorwand für Küsse und Umarmungen ausgelassen. Oft ist die Anspielung humorvoll verpackt. »Hatten Sie einen schönen Urlaub?«, fragt der Kollege. »Die Gegend ist ja bekannt für ihre wunderschönen und zahlreichen FKK-Strände.« Vielleicht wird sich die Kollegin, sei es auch nur für einen kurzen Augenblick, ertappt fühlen. Die Bemerkung über die »wunderschönen FKK-Strände« läßt sie an ihren Körper denken und daran denken, daß der Kollege sich ihn ebenfalls vorstellt.

Jede Frau kennt das Gefühl, mit Blicken ausgezogen zu werden. Die Anzüglichkeiten und Annäherungen, von denen hier die Rede ist, sind keine direkte und unmittelbare körperliche Bedrohung für Frauen. Und doch fühlen Mädchen und Frauen sich durch derartige sexuelle Anspielungen, Blicke und Annäherungen an ihre Intimität zutiefst verletzt. Es handelt sich dabei um eine Demütigung, Nicht-Achtung ihrer Person, ihrer persönlichen Integrität. Eine Trainerin für Selbstverteidigung und Selbstbehauptung lernt eindrücklich, welches Ausmaß Verletzungen und Kränkungen annehmen. Etwa ab der Pubertät kostet es Mädchen sichtbar große Überwindung, die Inhalte zweideutiger Witze zu benennen und sexuell eingefärbte Schimpf- und Schmähworte auszusprechen. Worte wie »So eine wäre gerade recht für mich!« – »Was verbirgt sich wohl unter dem wunderschönen Kleid?« – »Die hat wohl lange keiner mehr gebumst...« sind für die meisten Frauen tabuisiert. Sie werden selten und wenn, dann hinter vorgehaltener Hand ausgesprochen. Dabei ist den Frauen klar, daß Anzüglichkeiten zu machen Männern vorbehalten ist. Besonders ältere erinnern sich noch bestens an die Bemerkungen, die sie als Mädchen zu hören bekamen. Und daß bereits der Gedanke verwerflich war, ein Mann könne einer Frau eindeutige Angebote machen. Sprach ein Mädchen aus, was sie Männer hatte sagen hören, konnte der Geruch der Lasterhaftigkeit an ihr haften bleiben. Auch heutzutage werden Frauen und Mädchen Anstößiges weit seltener von sich geben als Männer und Jungen, und meist geschieht es in Erwiderung auf eine Anzüglichkeit. Und selbst als Antwort wird vieles bei Frauen weiterhin als unpassend betrachtet, was Männern zugestanden ist.

Besonders bedenkenswert sind die Erfahrungen mit Zehn- und Elfjährigen: Im Gegensatz zu den älteren Mädchen und erwachsenen Frauen erzählen sie sehr unbeschwert und ohne große Überwindung, welche Schimpfworte gleichaltrige oder etwas ältere Jungen ihnen hinterherrufen: »Mädchen sind Fotzen.« – »Komm, laß uns miteinander ficken!« – »Zeigt doch mal, was ihr in der Hose habt!« Reden können die Mädchen relativ leicht über solche Erlebnisse, was ihnen die Verarbeitung erleichtert. Treffen tun die Worte dennoch nachdrücklich. Obwohl die Mädchen meinen, die Jungen wüßten oft nicht so genau, was sie ihnen hinterherrufen, und obwohl es ihnen selbst oft ebenso geht, verletzen die Schimpfworte tief. Wenn Mädchen erfahren, was genau dahintersteckt, kann ihnen das helfen, solche Bemerkungen zu verarbeiten, sie besser von sich und ihrer Intimsphäre fernzuhalten und schließlich auch zu kontern.

Ein Nein, das keine Begründung braucht

Was vielen Frauen zum Verhängnis wird, ist ihr Glaube, ihr Nein bedürfe einer Begründung. Dies führt zu langatmigen emotionalen Diskussionen und Szenen, in denen über die Berechtigung der Sichtweisen, der männlichen und der weiblichen, verhandelt wird. Ein Großteil der Frauen erlebt sich in solchen Diskussionen ein weiteres Mal gedemütigt, abgewertet oder auch der Lächerlichkeit preisgegeben. Frauen, die sich im klaren darüber sind, daß es keiner weitschweifigen oder auch kurzen Begründung bedarf, erzählen wiederholt, wie schwer es ihnen falle, sich an diese Erkenntnis zu halten, und wie schnell sie in die Defensive geraten. Im Rollenspiel zeigt sich, wie tief verwurzelt es in den Mädchen und Frauen ist, sich rechtfertigen zu müssen. Es zeigt sich, wie weit die meisten Frauen davon entfernt sind, ihre verbale Gegenwehr mit Selbstverständlichkeit zu bekunden. Auf die im Rollenspiel gestellte Frage des »Belästigers«, etwa »Fühlst du dich durch mich belästigt?«, antworten Frauen häufig mit Abwiegeln und Zweideutigkeit. »Kann schon sein.« – »Na ja, irgendwie schon.« – »Bitte, versteh' doch.« – »So hab' ich es auch nicht gemeint.« Erfahrungsgemäß schaffen sich Frauen mit solchen und vergleichbaren Erwiderungen kein Gehör. Folgende Regeln haben sich bewährt:

1. Benennen Sie mit größter Deutlichkeit, was Sie stört, was Sie nicht wollen. Regina sagt dann beispielsweise: »Ich will nicht, daß du mich küßt.«

2. Geben Sie eine eindeutige Anweisung, was eine Person im Moment oder in Zukunft tun bzw. unterlassen soll. Regina: »Vergiß nicht, das Kußverbot gilt ein für allemal.«

3. Grundsätzlich brauchen Sie keine Begründung. Wenn eine Frau sie aber geben möchte, dann soll die Erklärung niemals vor dem Nein und der Aufforderung, etwas zu unterlassen oder zu tun, stehen und nur aus zwei oder drei aussagekräftigen Sätzen bestehen. So eingesetzt unterstreicht die Begründung die eigene Aussage und festigt das Nein.

Die Regeln sind bei Belästigung sowie Bedrohung durch bekannte wie durch unbekannte Männer anwendbar und eignen sich in der unmittelbaren Konfrontation. Frauen, die ihre verbale Gegenwehr entsprechend aufbauen, überwinden häufiger ihre Hilflosigkeit und Ohnmächtigkeit und behaupten sich mit Erfolg. Regina beispielsweise sagt zu Martin: »Ich will nicht mehr, daß du mich mit einem Kuß begrüßt (Regel 1). Halte dich in Zukunft daran (Regel 2). Ich will es einfach nicht (Regel 3).«

Die Möglichkeit, Schlagfertigkeit zu üben

Frauen erleben immer wieder, wie unvorbereitet und überraschend dumme Bemerkungen und verbale Angriffe sie treffen, wie sie sprachlos vor Erstaunen bleiben. Das verwundert nicht, kommen doch solche Angriffe oft aus heiterem Himmel und handelt es sich dabei bisweilen um Unverschämtheiten, die sich Frauen vorher nie hätten vorstellen können. Frauen überfordern sich daher, wenn sie von sich stets prompte und treffende Erwiderungen erwarten. Ein derart hochgestecktes Ziel behindert und führt dazu, daß sie dann gar nichts sagen. Im Rollenspiel können andererseits einfache und eindeutige Sätze geübt werden, die in sehr unterschiedlichen Situationen nützlich und anwendbar sind: »Nimm deine Hand von meinem Knie weg!« – »Nehmen Sie Ihre Hand von meinem Schenkel weg!« – »Rücken Sie ein Stück zur Seite!« – »Laß mich in Ruh'!«

Die 25jährige Roswitha wird von einem Mann unentwegt angestarrt, auf dem Bahnsteig und während der ganzen zwanzigminütigen S-Bahn-Fahrt. Sie fühlt sich immer unwohler, steht auf und stellt sich an die Tür. Kurz darauf folgt der Mann, tritt an die gegenüberliegende Tür, starrt sie weiter an. Ihr Herz schlägt schneller. Was soll sie tun? Schreien? Davonlaufen? Auf ihn einprügeln? Nichts von dem erscheint Roswitha passend und praktizierbar. Mit einemmal fällt es ihr ein. Sie tritt auf den Mann zu und sagt: »Ich habe den Eindruck, daß Sie mir nachstellen. Ich bin an Ihnen nicht interessiert.« Unmißverständlich macht sie klar, daß sie keine Antwort erwartet, geht und setzt sich neben eine Frau, die ihr sympathisch erscheint. An der nächsten Haltestelle steigt der Mann aus.

Die 17jährige Angela lernt im Urlaub einen jungen Mann kennen. An einem Abend gehen sie zum Strand, küssen sich und knutschen miteinander. Er versucht ihre Hose aufzuknöpfen. Sie verbittet sich das, aber er läßt nicht locker, drängt immer mehr, nun auch mit seiner Körperkraft. Ihr Nein übergeht er einfach. Erst als Angela ihn anschreit, hält er für einen Moment inne. Sie entkommt. Als er sich am folgenden Tag entschuldigen will, lehnt Angela die Entschuldigung ab.

Die Angst, laut zu werden

Eines Nachmittags ist Marianne mit ihren beiden Enkelkindern im nahegelegenen Park unterwegs. In einiger Entfernung sieht sie einen Mann auf sich zukommen, dessen Gestalt und Gang sie beunruhigen. Sie geht mit den Kindern weiter. Was sie von der Ferne nicht eindeutig ausmachen konnte, sieht sie nun deutlich: Er trägt einen Knüppel. Blitzartig wird ihr klar, daß sie in Gefahr sind. Sie läßt einen markerschütternden Schrei los, schreit, bis er außer Sichtweite ist. Bis heute fällt es ihr schwer zu glauben, daß sie es war, die schrie. Sie hatte immer geglaubt, in einer Gefahrensituation keinen Ton herauszubringen.

Mariannes Gefühle, als sie sich erinnert, spiegeln die Zwiespältigkeit der meisten Frauen, wenn es ums Lautwerden und Krachschlagen in Gefahrenmomenten geht. Einerseits wollen sie laut werden, wollen schreien können; Frauen wie Marianne, die eben dies tun, werden bewundert. Andererseits widerspricht das Lautwerden den mehr oder weniger stark verinnerlichten gesellschaftlichen Werten, Idealbildern, was weiblich sei. Regeln wie »sei höflich, halte dich zurück, warte ab, erhebe nicht zu früh deine Stimme (vielleicht wollte der andere dir ja nichts antun)« sitzen tief. Eine Frau, die laut wird, fällt aus der Rolle, so die weitverbreitete Meinung. Hier schwingt häufig die Frage mit: Darf ich mich als Frau wehren, will ich mich verteidigen? Der geschützte Raum in einem Frauenseminar hilft bei der Entscheidungsfindung. Nicht selten bedarf es der schlichten Erlaubnis, sich zu wehren, damit eine leise, zaghafte Stimme zu einer lauten, eindeutigen anschwillt, der nicht zu widersprechen ist.

Carolin will es einmal wissen. Sie ist gespannt, ob sie laut werden kann. Die anderen geben ihr Rückenstärkung und gleichsam die Erlaubnis dazu. Zwei aus der Gruppe übernehmen es, Carolin, die am Bahnsteig steht, mit Worten, Gesten und Imponiergehabe zu bedrängen: »He, Kleine!« – »Was zum Vernaschen!« – »Bist du alleine?« – »Bist du frei?« Carolins ausdauernd abweisende, wortkarge Haltung läßt die beiden Angreifenden für einen Moment verstummen. Carolin ist erleichtert, doch ein neuer Angriff folgt, aggressiver und lautstärker in den Bemerkungen und Gesten. Carolins Pupillen weiten sich, ihr Körper spannt sich an. Plötzlich ihr Schrei. Die zornige Schärfe der Stimme, die Wut in ihrem Gesicht zeigen Wirkung. Die Angreifer ziehen ab.

Das Recht, nach Hilfe zu rufen

»Es hat doch keinen Sinn, in einer bedrohlichen Lage auf die Hilfe anderer zu bauen.« – »Wenn ich um Hilfe rufe, schauen die Leute doch erst recht weg, statt einzugreifen.« Dies ist die Meinung der meisten Frauen und Mädchen. Ihre Ansicht begründen sie mit eigenen Erfahrungen und denen von Freundinnen und Bekannten. Verstärkt wird sie durch die Berichte und Bilder, die Fernsehen, Kino und Zeitungen bevorzugt verbreiten. Frauen identifizieren sich aller Erfahrung nach schnell mit dem von den Medien tagtäglich produzierten Bild des weiblichen Opfers.

Eine junge Kursteilnehmerin erzählte einmal, noch im nachhinein betroffen, von einer XY-Sendung: Eine Frau war als völlig hilfloses Opfer von Männergewalt dargestellt worden. Ihr wurde nicht nur Gewalt angetan, sondern sie war auch außerstande, Hilfe zu holen, als sie freigelassen war. Nach der Sendung, so die Kursteilnehmerin, habe sie wieder das Gefühl gehabt, sich nicht alleine vor die Tür zu trauen. Gefragt, worin sie sich vom TV-Opfer unterscheide, antwortete sie spontan: »Ich hätte jemanden angesprochen und mich ins Krankenhaus bringen lassen.« Als ihr dies bewußt geworden war, konnte sie sich ihre eigenen Verteidigungsfähigkeiten und ihre Möglichkeit, sich Hilfe zu verschaffen, wieder vergegenwärtigen.

Ein Hilfeschrei ist durchaus nicht immer erfolgreich. Doch dies ist kein Grund, generell auf Hilfe von außen zu verzichten. Die unter Frauen verbreitete Ansicht, sich in einer Gefahrensituation allein auf sich selbst verlassen zu sollen oder zu können, ist falsch. Frauen und Mädchen sollen Hilfe und Unterstützung anderer Frauen (und auch Männer) in die eigenen Strategien der Verteidigung und Behauptung einbeziehen. Vielleicht erübrigt sich dann irgendwann einmal der im Rollenspiel immer wiederkehrende Satz der Frau, die zu ihrer Verteidigung ansetzt: »Such dir doch eine andere Frau!« Oder, noch krasser: »Nimm doch die da! Sicher hast du bei der mehr Glück!«

Die Polizei rät den Frauen, in Gefahrensituationen »Feuer« zu rufen, weil dies bei denen, die den Schrei hören, weniger eigene Ängste und Fluchtreflexe auslöse, die Bereitschaft nachzuschauen größer sei, da eigenes Hab und Gut und das eigene Leben mit gefährdet sein könnten. In geschlossenen Räumen, Tiefgaragen und Wohngegenden ist dieser Rat sinnvoll. Ich meine, es muß aber nicht unbedingt »Feuer« heißen. Entscheidend ist, daß jede Frau und jedes Mädchen ihr eigenes Wort findet und trainiert, damit sie es in einer Situation ohne lange Überlegung parat hat. Die gängigen Ausrufe sind neben »Feuer« »Polizei«, »Überfall« und, trotz allem, »Hilfe«. Lautes Schreien ist jedenfalls eine der wirksamsten Verteidigungsstrategien überhaupt. Darin sind sich alle Selbstverteidigungsexpertinnen und auch die Polizei einig.

Körperliche Verteidigung von Frauen und Mädchen

Dennoch kann bisweilen jegliche Form verbaler Selbstbehauptung erfolglos bleiben, können schlagfertige Worte und gezielt eingesetzte Stimmkraft unzureichend bleiben, die eigenen Grenzen zu ziehen und durchzusetzen. Auch wenn eine Frau es mit allen Mitteln zu vermeiden versucht hat, da sie den Bedränger oder Angreifer ja gerade nicht hautnah, im wortwörtlichen Sinne, an sich heranlassen wollte, kann es zum Körperkontakt, zur körperlichen Auseinandersetzung kommen. Abschließend werden daher Techniken körperlicher Selbstverteidigung für Frauen beschrieben, die sie trainieren und im Notfall als letztes Mittel einsetzen können. Entscheidend für die Wirksamkeit und Durchführbarkeit dieser Möglichkeiten ist, daß jede Frau und jedes Mädchen jede Technik, jede Vorgehensweise aufs engste an ihre jeweilige persönliche Motivation, an ihre spezifischen Fertigkeiten und an die eigene Einstellung koppelt. Frauen und Mädchen lernen, oftmals zu ihrer eigenen Überraschung, sehr schnell gezielte Schläge, Tritte und Tricks und wenden sie im Übungskampf bald mit Zufriedenheit und auch Begeisterung an. Nicht wenige entdecken erstmals ihre Körperkraft, andere erleben, daß beim Kampf in erster Linie Wachsamkeit zählt. Erfahrbar wird, wie leicht und unbemerkt spielerisch-lockeres Geplänkel oder auch schon Geschubse in Ernst übergehen, vielleicht gar in schmerzhaften Griffen und Schlägen enden kann.

- Frauen und Mädchen lernen, ihre Körperkraft und ihre Wendigkeit genau einzuschätzen, die geeignete Reaktionsform und Technik herauszufinden und dann die Tritte und Schläge zur eigenen Verteidigung gezielt und genau zu plazieren. Dazu gehört an erster Stelle die Erkenntnis, wie erfolglos und kräfteverschwendend es ist, wenn der Gegner beide Hände festhält, an ihnen zu zerren und zu ziehen, damit der Griff sich löst. Auch wenn dies »der Reflex ist, mich dort zu befreien, wo ich festgehalten werde«, eine Frau wird ihre Hände selten aus der Umklammerung der Männerhände herausreißen können. Der Übungskampf schärft den Frauen und Mädchen den Blick dafür, wo ihnen der Griff an die Handgelenke Spielraum eröffnet und wie sie dann ihre freien Körperteile benutzen. Frei sind bei der Umklammerung beider Handgelenke eben die Beine, mit denen die Frau gegen Knie oder Schienbein des Mannes treten kann, um die Lockerung des Griffes während des Überraschungsmoments für das Freikommen zu nutzen. Gleichsam frei ist auch die Stimme: Ein Schrei kann ebenfalls den entscheidenden Moment der Überraschung und des Schocks bewirken, in dem die Frau durch eine harte, schnelle Drehung ihrer Hände diese aus dem Griff herauswindet. So verschafft sich die Frau die Chance, sich vom Mann zu lösen und wegzulaufen.

Trainiert werden kann der gezielte Einsatz von Körperkraft und Technik am Schlagkissen, das die Trainerin hält und gegen das die einen lust- und kraftvoll, aber wie wild drauflosschlagen und sich schnell erschöpfen, die anderen eher zögerlich und schwach, unentschlossen zur Körperverteidigung. Vorgegebene Techniken erlauben den Übenden, ihre Kraft und Entschlossenheit zunehmend gezielter in den Fauststoß zu konzentrieren, bis aus wilden Schlägen oder schwachen Hieben ein gezielt geführter, überlegter Stoß wird, in dem die ganze Körperkraft der Frau steckt und der einen vollen Ton auf dem Kissen erzeugt. Enttäuschungen bleiben freilich nicht aus. Manche hatten sich vorgestellt, daß mehr Kraft in ihnen stecke, andere schreckt die Gewalttätigkeit in den Schlägen ab.

- Selbstverteidigung zu trainieren läßt aber den Körper über die bloße Muskelkraft hinaus als Waffe erkennen und erleben, läßt die Frauen sich der Einsatzmöglichkeiten ihrer sechs »Körperwaffen«, von Händen, Fingern, Ellbogen, Knien sowie Beinen und Füßen, bewußt werden. Und sie lernen zugleich die Stellen des Angreifers kennen, gegen die

die Frau im Notfall zielgerichtet und wirksam ihre »Körperwaffen« einsetzen kann. Das ist die eine Seite. Die andere Seite ist die Abwehr eines Angriffes, der Schutz des eigenen Körpers. In »Kampfstellung«, breitbeinig, sprungbereit, die Fäuste schützend vor Bauch und Gesicht, erleben viele Frauen und Mädchen zum erstenmal ihren Körper als kraftvoll und zur entschlossenen Verteidigung bereit. Mit angespanntem Arm, die Hand zur Faust geballt, wird das Gesicht vor einem Schlag geschützt; Schrägstellung zum Mann entzieht die besonders verletzlichen weiblichen Körperteile Brust, Bauch und Geschlecht dem direkten Zugriff der Hände oder den Schlägen des Angreifers.

- Im Übungskampf beginnen die Frauen und Mädchen, ihren Blick auf die ungedeckten, verletzbaren und schmerzempfindlichen Körperstellen des Gegners zu richten, das sind vorrangig
    1. das Gesicht, speziell Augen und Nase,
    2. der Hals, speziell der Kehlkopf,
    3. die Genitalien,
    4. die Knie,
    5. die Schienbeine,
    6. der Fußspann.

Die verwundbarste Stelle des Körpers ist das Auge. Der Griff mit den Fingern in die Augen des Angreifers verursacht wahnsinnige Schmerzen, kann zu bleibenden Schäden führen, der Gedanke daran entsetzt aber die meisten Frauen, verursacht ihnen Ekel. Viele Frauen halten sich dazu nicht für fähig, obwohl ja alle Möglichkeiten körperlicher Verteidigung ausschließlich für lebensbedrohliche Momente gedacht sind. Der Schlag mit der Faust auf die Nase führt ebenfalls zu einer sofort und stark schmerzenden, blutenden Verletzung beim Getroffenen. Ein Schlag mit der Faust oder der Handkante gegen den Kehlkopf kann den Angreifer für einen Moment bewegungsunfähig machen, unter Umständen wirkt ein solcher Schlag tödlich. Das männliche Geschlechtsteil zu attackieren fällt Frauen in der Regel als erste Abwehr ein, und der kräftige Kniestoß in die Hoden verursacht mit Sicherheit große Schmerzen, ist allerdings seltener anwendbar, als Frauen sich vorstellen (zum Beispiel dann, wenn der Angreifer beide Arme der Frau festhält und mit leicht gespreizten Beinen dasteht). Die verwundbarsten Zielpunkte für Tritte sind die Knie; die Kniescheibe schützt wenig gegen Tritte von vorne und von der Seite. Schienbein und Fußspann sind schmerzempfindlich; ihre Knochen sind nicht durch Muskeln oder Fettgewebe geschützt. Auch wenn Schienbein oder Fußspann direkt getroffen werden, verletzen die Tritte selten ernsthaft. Einige Selbstverteidigungstrainerinnen empfehlen Tritte gegen das Schienbein oder auf den Fußspann den Frauen nicht, da sie dem Angreifer zwar Schmerz zufügen, ihn aber nicht bewegungsunfähig machen und folglich gefährlich für die Frau sein können.

- Frauen sagen von sich, daß sie meist mehr Kraft in den Beinen als in den Armen haben. Dies ist in der Tat richtig, die Beine sind der stärkste Körperteil. Zudem ist es schwieriger für den Angreifer, einen Tritt (am effektvollsten gegen das Knie) abzufangen oder diesem auszuweichen, eine Verteidigung der Frau mit ihren Armen wehrt er leichter ab. Frauen wehren sich oft gegen die Vorstellung, mit gezielten Tritten einen schon am Boden Liegenden so auszuschalten, daß er die Angegriffene nicht mehr verfolgen kann. Es kann aber unumgänglich und lebensrettend sein. Tritte gegen das Gesicht und die Schläfen, den Hals sind am effektivsten, wenn der Angreifer schon am Boden liegt. Sie brauchen aber eine gewisse Übung, sollen sie entsprechende Wirkung zeigen. Für Tritte muß eine Frau beweglich sein, ihre Bewegungen koordinieren und genau zielen können, da sie die Tritte auf einem Bein stehend und dennoch kraftvoll ausführen will.
- Frauen glauben vielfach, keinerlei Möglichkeiten mehr zu haben, wenn sie erst einmal gestürzt sind und am Boden lie-

gen. Richtig kann dies sein, wenn der Angreifer bereits auf ihnen sitzt oder liegt. Anderenfalls gibt es spezielle Techniken, die die Frau am Boden liegend anwenden kann. Außerdem sollte sie bedenken: Auf dem Boden liegend konzentriert sie sich nicht länger darauf, nicht zu fallen, sondern kann sich Handlungsmöglichkeiten überlegen. Sie hat den Rücken frei und kann sich bei Tritten oder Schlägen am Boden abstützen. Im übrigen gilt, was bisher gesagt wurde, auch wenn die Frau am Boden liegt. Sie überlegt sich: Welche ihrer »Körperwaffen« sind mit welcher Technik einsetzbar? Welche »Schwachstellen« des Angreifers sind frei und erreichbar? Wie kann sie sich den Überraschungsmoment verschaffen, der ihr für das Aufstehen und Entkommen ausreicht?

Zwei Bemerkungen sollen die Beschreibung der Körpertechniken abschließen: Die körperlichen Vorgehensweisen verlieren an Effizienz, werden sie in aller Ausführlichkeit und in jedem Detail in einem Buch beschrieben und damit allgemein bekannt. Deshalb müssen hier einige Grundsätze genügen. Das gleiche gilt für die Tricks und Kniffe, die Frauen und Mädchen in Selbstverteidigungskursen lernen bzw. die sie für sich selbst entdecken können und die nur für sie bestimmt sind.

Mädchen und Frauen, die sich in Selbstverteidigung üben, nehmen für ihr alltägliches Leben sehr unterschiedliche Erfahrungen und Fertigkeiten mit. Die Körpertechniken sind ein Teil davon, deren Wirksamkeit unterschiedlich eingestuft wird, abhängig auch davon, wie ausdauernd und ernsthaft trainiert wird. Der einen reicht das Gefühl, ihre Fäuste ballen zu können und auf der Straße wachsamer zu sein, nicht mehr so einfach überrascht zu werden. Die andere braucht für ihre Sicherheit gleichsam das Wissen, sich in jeder Notlage befreien und entkommen zu können.

Körpertechniken der Selbstverteidigung

Die Fotos stellen eine Auswahl gestellter Angriffs- und Verteidigungspositionen dar.

Sie zeigen, wie sich Frauen mit ihren Körperwaffen zielgerichtet verteidigen können.

Die Abbildungen dienen nicht als Anleitung zum Selbststudium. Die Körpertechniken sind unter fachkundiger Anleitung in einer Trainingssituation zu erlernen.

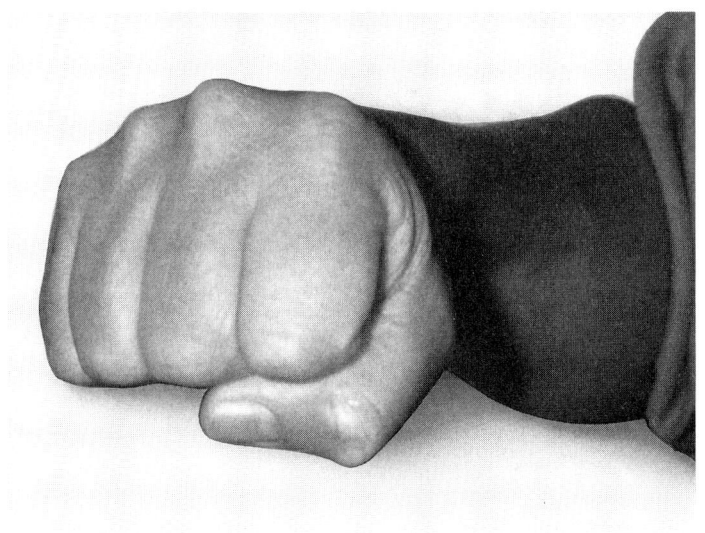

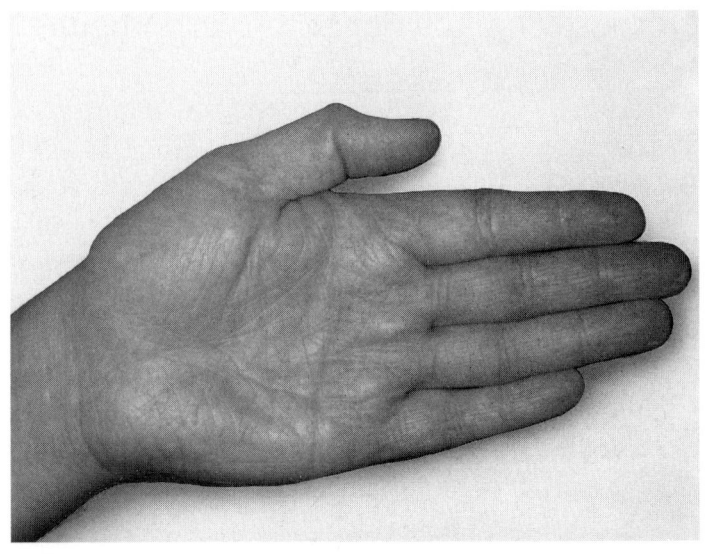

Finger gestreckt

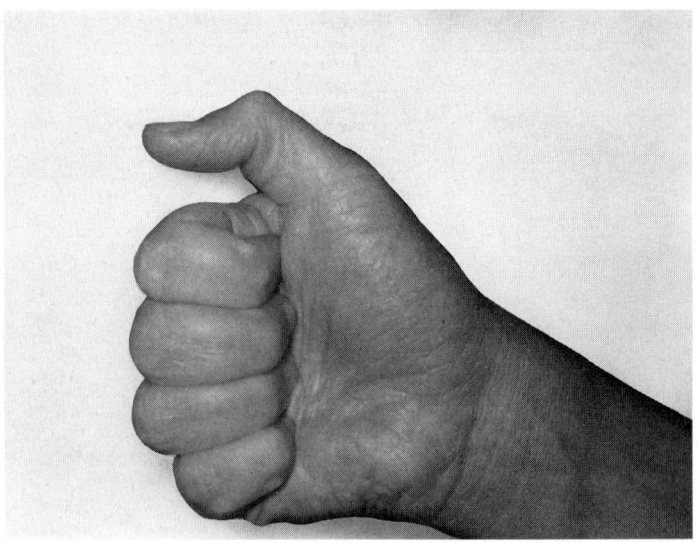

Zweites Fingerglied angewinkelt

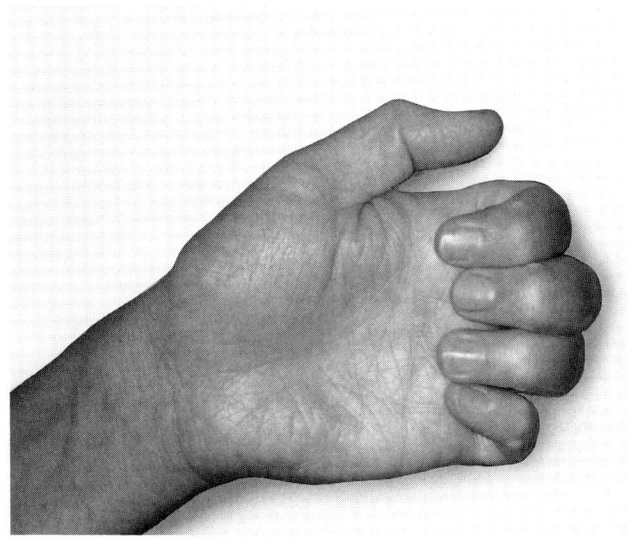

Erstes Fingerglied angewinkelt

Richtige Fausthaltung:
Daumen liegt vor dem Mittel- und Zeigefinger

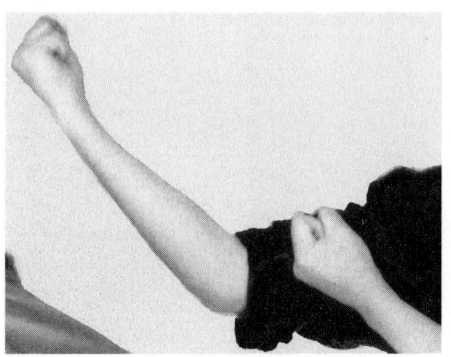

Der Faustrückenschlag

Die Verteidigerin hat den Unterarm abgewinkelt

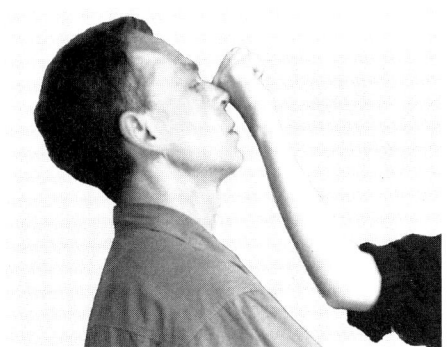

Die Faustrückseite trifft auf die Nase

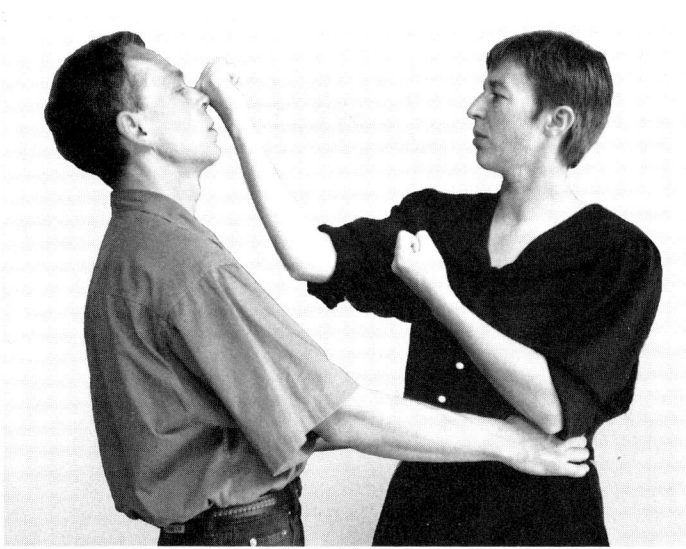

Die Verteidigerin schlägt mit der Faustrückseite auf die Nase des Angreifers

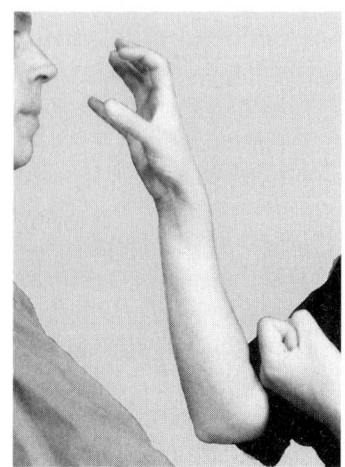

Der Fingerstich in die Augen

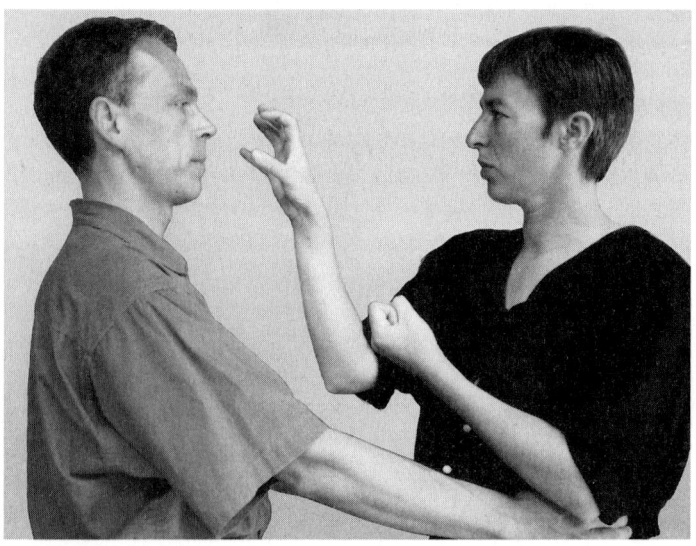

Die Finger der Hand sind leicht gebeugt und angespannt

Die Verteidigerin stößt die Finger...

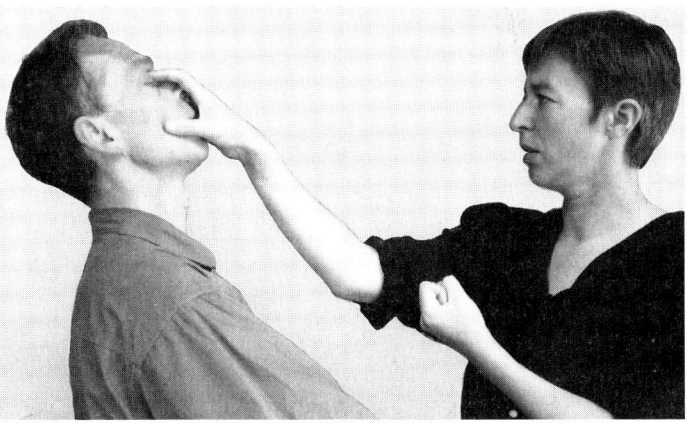

...in die Augen des Angreifers

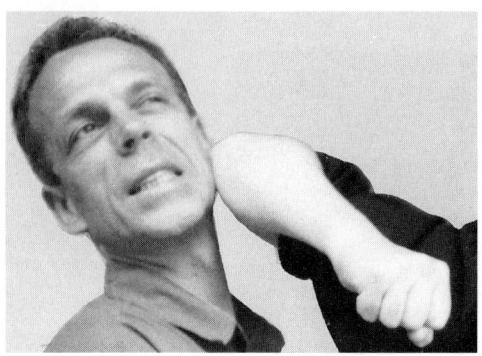

Der Ellbogenschlag in das Gesicht

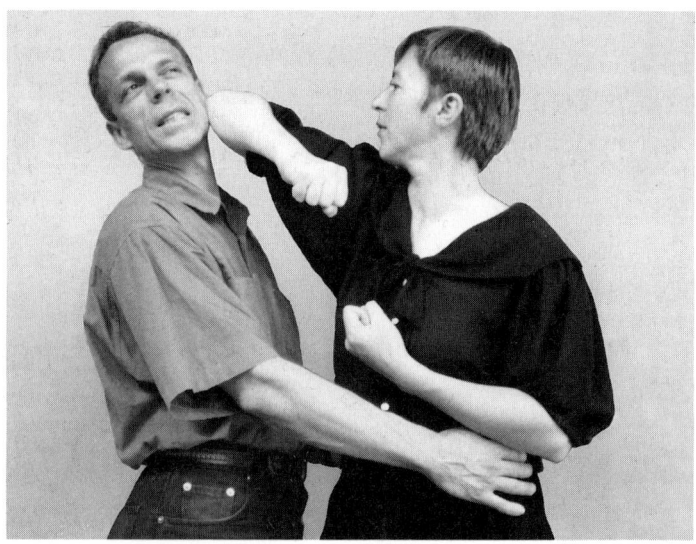

Der Ellbogen beschreibt einen Halbkreis und trifft die seitliche Gesichtshälfte

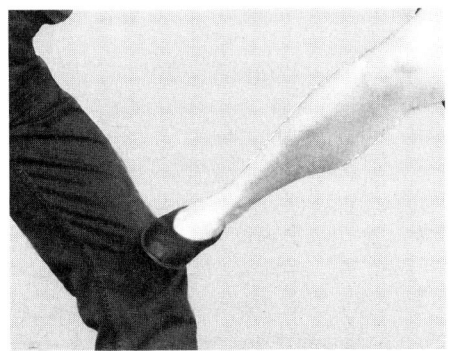

Der Fußtritt gegen das Knie

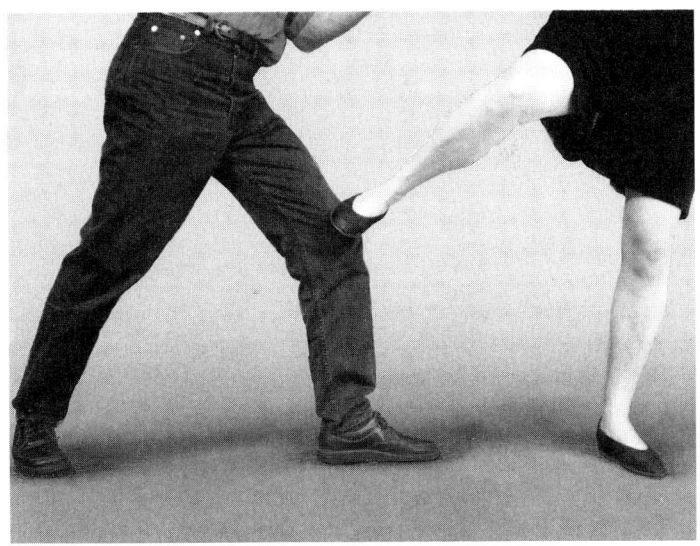

Die Verteidigerin zieht den vorderen Fuß bis auf Kniehöhe des Standbeines hoch...

...und tritt mit der Fußaußenkante gegen das Knie des Angreifers

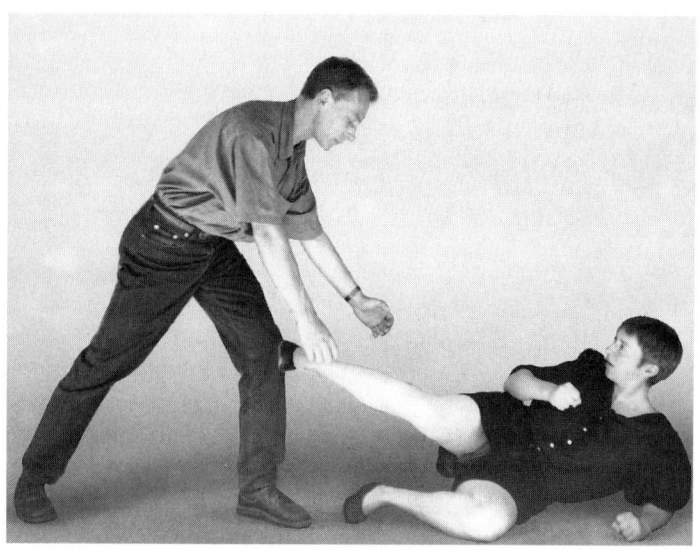

Die Verteidigerin liegt am Boden und tritt mit der Fußaußenkante gegen das Knie des Angreifers

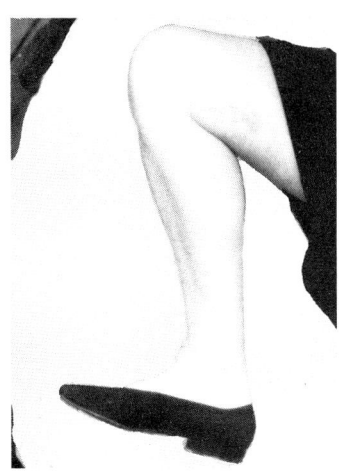

Der Knieschlag zur Nase

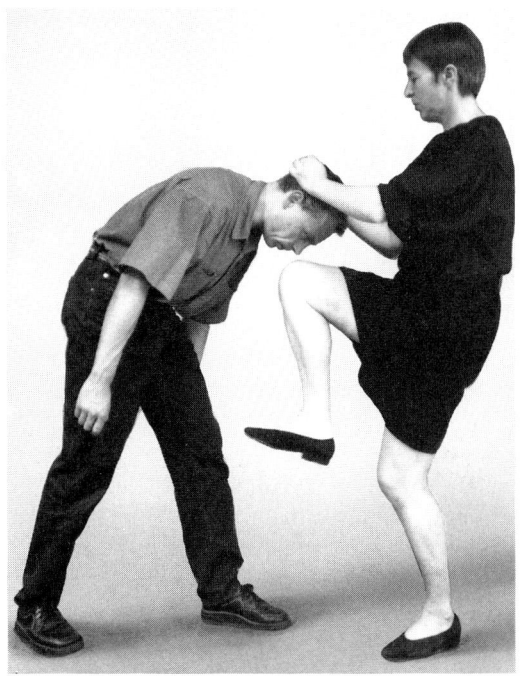

Die Verteidigerin zieht das Knie nach oben und trifft mit der Knieoberseite auf die Nase des Angreifers

Entwerfen Sie Ihre Sicherheitsmaßnahmen!

Dies ist eine Auswahl von Sicherheitsvorkehrungen. Planen Sie diese in Ihren Alltag ein:

- ▶ **In der eigenen Wohnung**
- • Schließen Sie Ihre Fenster, denn ein gekipptes Fenster ist wie ein offenes Fenster!
- • Lassen Sie einen Fremden (Handwerker, Vertreter usw.) in Ihrer Wohnung immer vorausgehen, damit Ihnen ein Fluchtweg offen bleibt!
- • _____

- ▶ **In einem fremden Gebäude / Wohnung**
- • Beim Betreten sehen Sie sich nach Fluchtwegen (Türen, Balkontüren, Fenster usw.) um!
- • _____

- ▶ **In öffentlichen Verkehrsmitteln**
- • Prägen Sie sich Standort und Bedienung vorhandener Sicherheitsvorrichtungen (Notrufsäulen, Notbremse, Feuerlöscher usw.) ein!
- • _____

- ▶ **Im Taxi**
- • Bestellen Sie über die Taxizentrale eine Taxifahrerin!
- • Setzen Sie sich bei einem Taxifahrer auf die Rückbank!
- • _____

- ▶ **Im Telefonbuch**
- • Lassen Sie nur den Anfangsbuchstaben Ihres Vornamens im amtlichen Telefonbuch eintragen!
- • _____

- ▶ _____
- • _____

Ich bin so schwach – du bist so stark

Die Worte der Siebzehnjährigen klingen über Tage nach. »Es ist bescheuert, Mädchen zu sein.« – »Als Mädchen kann dich ein Mann vergewaltigen. Es ist ungerecht.« Die kichernden albernden Mädchen werden mit einem Male ernst und aufmerksam. Ihre Mütter und Großmütter, so erfahren sie, waren mit ihren Ängsten, Fragen und Schuldgefühlen alleingelassen. »Ein anständiges Mädchen braucht sich keine Gedanken zu machen, keine Fragen zu stellen, denn ihr wird kein Mann sich mit Gewalt nähern, ihr wird nichts passieren«, hieß damals die unausgesprochene Mahnung. Stellte sie entsprechend Fragen, geriet sie in den Geruch, eine Hure zu sein, erzählte Gertrud. Die Siebzehnjährigen von heute haben im Selbstbehauptungsseminar einen Raum, in dem sie nicht befürchten müssen, wegen ihres Fragens und Vorausdenkens als unanständig abgestempelt zu werden. Die Ängste und das Bewußtsein von der körperlichen Überlegenheit des Mannes sind aber nicht allein durch Aufklärung und die Anteilnahme der Frauen und mancher Männer zu beseitigen. Frauen kann das Wissen um ihre körperliche Unterlegenheit auch nicht ausgeredet werden. Die Veränderung beginnt im Kopf. Was bin ich mir wert? Was lasse ich mit mir machen? Diese Veränderung im Kopf macht das Erlernen körperlicher Selbstverteidigungstechniken nicht überflüssig. Wenn Frauen sich ihrer spezifischen physischen Fähigkeiten und Möglichkeiten bewußt werden, kann sich auch ihre Einstellung zur geringeren weiblichen Körperkraft verändern.

Daß Frauen und Mädchen sich so stark an der Vorstellung der unumgänglichen, quasi schicksalhaften Übermächtigkeit männlicher Körperkraft festklammern, hat viele Gründe und Gesichter, wie im Laufe des Buches beschrieben wurde. Die Hemmschwelle, sich mit eigener Körperkraft mit gezielter

Schlagtechnik zu befreien, ist sehr hoch. »Selbst wenn ich mich mit einer gezielten Technik sicher befreien könnte, würde mich die Angst davon abhalten, ihm weh zu tun.« Gleichwohl ist jede Vorstellung eines körperlichen Angriffs unweigerlich mit der Angstvorstellung einer Vergewaltigung besetzt. Die Mächtigkeit dieses gesellschaftlichen Tabus der Vergewaltigung zwang und zwingt Frauen bis heute, die zerstörerischen Auswirkungen zu verschweigen und ungeschehen erscheinen zu lassen. Die Mächtigkeit des Tabus gab wenig bzw. keinen Raum für das Üben und Weitergeben bewährter Verhaltensweisen, wozu auch Schlag- und Trittechniken zählen. Hinzu kommen typische Zweifel der Frauen im Zusammenhang mit ihrer körperlichen Gegenwehr, deren Klarstellung einen differenzierteren Blick und eine realistischere Einschätzung der eigenen Selbstverteidigungsbereitschaft schafft:

Frage 1: Soll sich eine Frau oder ein Mädchen gegen einen körperlichen Angriff körperlich verteidigen?

Die Ansichten dazu schwanken unter Frauen und Mädchen zwischen »ich werde kämpfen und nochmals kämpfen« auf der einen und dem »ich werde mich nicht körperlich wehren, um schlimme Verletzungen zu vermeiden« auf der anderen Seite. Von einer Selbstverteidigungstrainerin erhoffen sich Frauen und Mädchen eine eindeutige Antwort, die ihnen die Entscheidung abnimmt. Enttäuscht oder verärgert ziehen sich manche zurück, bleibt sie ihnen diese schuldig. Aber es gibt eine solche eindeutige Antwort nicht. Jede Frau und jedes Mädchen wird selbst zu entscheiden haben, wie sie in Bedrängnis, in einer Gewaltsituation jeweils reagiert, abhängig von ihren eigenen Fähigkeiten und Einstellungen. Frauen, die sich sachkundig machen, erleben eine Vielfalt von Meinungen auch in Fachkreisen. Das verunsichert. Frauen und Mädchen können jedoch ihren notwendigen eigenen Standpunkt finden, und zwar am besten in der Auseinandersetzung mit den unterschiedlichen Wahrnehmungen, Erfahrungen und Sichtweisen. Dabei darf beispielsweise in einem Selbstverteidigungskurs kein Klima entstehen, das der Frau, die sich eindeutig entscheidet, mit aller Entschlossenheit und Körperkraft eine drohende Vergewaltigung zu vereiteln, moralisch den Vorzug gibt.

Frage 2: Wie bin ich rechtlich abgesichert, wenn ich Selbstverteidigungstechniken anwende, die beim Täter bleibende Schäden hinterlassen oder zu seinem Tode führen?

Im Paragraphen 32 des Strafgesetzbuches ist das Recht auf Notwehr gesetzlich verankert: »Wer eine Tat begeht, die durch Notwehr geboten ist, handelt nicht rechtswidrig. Notwehr ist die Verteidigung, die erforderlich ist, um einen gegenwärtigen rechtswidrigen Angriff von sich oder einem anderen abzuwenden.« Im Paragraphen 33 geht es um die Überschreitung der Notwehr: »Überschreitet der Täter die Grenzen der Notwehr aus Verwirrung, Furcht oder Schrecken, so wird er nicht bestraft.« Die Notwehr setzt immer einen Angriff voraus; der ist bei einem Vergewaltigungsversuch gegeben. Der Sinn des Notwehrparagraphen ist, daß eine Frau nicht bestraft wird, wenn sie dem Angreifer körperlichen Schaden zufügt. Dasselbe trifft auch dann zu, wenn sie eine andere Frau in Not verteidigt, wobei im Paragraphen 34 StGB die Verhältnismäßigkeit der Gegenmaßnahmen eingefordert wird. Unterschiedlich wird beurteilt, was dieser Notwehrparagraph Frauen und Mädchen, die sich körperlich wehren (können), nützt. Die Entscheidung für gezielte, verletzende Schläge zur eigenen Verteidigung kann er einerseits durchaus erleichtern, während die Ergänzung um die »Verhältnismäßigkeit der Mittel« ein Hindernis für die Verteidigungsbereitschaft sein kann, weil sie die Furcht schürt, im nachhinein verklagt zu werden.

Wichtig ist in jedem Fall, daß Frauen und Mädchen verantwortlich mit ihren Techniken umgehen. »Ich will einen Karateschlag lernen, um meinem älteren Bruder einen Schlag auf die Nase zu versetzen.« – »Ich werde es meinem Freund heimzahlen. Ich werde lernen, ihm an seiner empfindlichsten Stelle Schmerzen zuzufügen.« Solche Zielsetzungen können von Kursen nicht unterstützt werden.

Frage 3: Wann setze ich Techniken der körperlichen Selbstverteidigung ein?

Grundsätzlich sollen Frauen und Mädchen alle Möglichkeiten ausschöpfen, um einen direkten Kampf mit einem Mann zu vermeiden, wie es in den drei Prinzipien der Selbstverteidigung beschrieben wurde. Das heißt vor allem: Hat eine Frau die Chance zu fliehen, sollte sie diese ergreifen. Oft wird entgegengehalten, ein Mann könne schneller laufen oder der Angreifer fühle sich durch die davonlaufende Frau (überhaupt erst) aufgefordert. Aber eine wegrennende Frau wird sich vergewissern, ob der Angreifer ihr noch auf den Fersen ist. Kann sie ihn nicht abschütteln, wird sie nicht weiterlaufen, bis alle ihre Kräfte erschöpft sind. Und der Angreifer wird in ihr auch kein »leichtes Opfer« sehen, wenn sie laut »Feuer« oder »Hilfe« schreit. In nachgespielten bzw. gefürchteten Gefahrensituationen fordern angegriffene Frauen und Mädchen oft mit Gesten oder Stimme den Angreifer gleichsam zum Kampf auf, aber nicht bewußt und nicht gezielt. Sie wollen weder kämpfen noch fühlen sie sich innerlich auf einen Kampf eingestellt. Dies ist eine entscheidende Erfahrung von Frauen und Mädchen in der Übungssituation bzw. im Rollenspiel: Wie mache ich dem Angreifer deutlich, nicht kämpfen zu wollen? Schimpfworte, herausfordernde Blicke, jemanden wegschubsen bewirken keine Abwehr, sondern das Gegenteil. Da passiert schnell, was Mädchen und Frauen am meisten befürchten: Der Angreifer wird noch aggressiver in seinen Worten und schließlich tätlich. Vor allem das Schubsen, das sich der Mann nicht gefallen lassen wird, setzt die Hemmschwelle für einen direkten Kampf niedriger. Wenn aber die Frau innerlich auf einen Kampf eingestellt ist, dann plant sie ihren Angriff, setzt ihre Tritte und Schläge gezielt ein gegen die geeigneten Körperstellen des Angreifers; dann geht es ihr nicht um die körperliche Auseinandersetzung, sondern der Einsatz körperlicher Techniken setzt darauf, vom Mann loszukommen und wegzulaufen.

Frage 4: Wieso wird bei einer Vergewaltigung die Frage der Mitschuld der Frau gestellt?

Weiterhelfen kann bei dieser Frage, wenn wir die Besonderheit, das Charakteristische des »Kampfgeschehens« eines sexuellen Gewaltaktes gegen eine Frau betrachten. Die Soziologin Kathleen Barry (1983) beschreibt die vergewaltigte Frau als Überlebende, die Momententscheidungen trifft, die im gleichen Augenblick wieder verworfen werden, mit denen die Frau aber versucht, ihr Überleben zu sichern. Was vielfach von außen nicht nachvollzogen wird, ist, daß Frauen und auch Mädchen die Vergewaltigung als Lebensbedrohung erfahren. Es wird das Kampfgeschehen mit dem Kampf unter Männern verglichen, weshalb auch immer wieder auf der Mitschuld der Frau beharrt werden kann. Im Männerkampf stehen sich, meist in der Öffentlichkeit, zwei gleichberechtigte, wenn auch nicht immer gleichstarke Gegner gegenüber, die in beiderseitigem Einverständnis einen Anlaß körperlich entscheiden; oft reichen ein paar testende Schläge, Tritte aus, und sie lassen voneinander ab oder werden von umstehenden Männern – wiederum mit Körperkraft – getrennt, nach einigen Worten ist die Lage geklärt und meistens auch bereinigt. Die Kampfesweise mit Faustschlag und Tritten ist eine männliche Erfindung, die in aller Regel unter Männern stattfindet. Die meisten Männer erklären schnell und nachdrücklich sich und anderen Männern, es abzulehnen, eine Frau zu schlagen, ihr dank überlegener Muskelkraft zu drohen, ihren Willen zu brechen, selbst wenn eine Frau angeblich einen Grund für solche »Maßnahmen« biete. Demgegenüber offenbaren heute alle Statistiken zu diesem Thema gerade diese von der Gesellschaft tabuisierte Gewalt gegen Frauen und Mädchen.* In der Bundesrepublik Deutschland sind es in jeder Stunde etwa fünfzehn Mädchen oder Frauen, die sexuelle Gewalt erleben, also ein Mädchen oder eine Frau pro vier Minuten. Ihre körperliche und sexuelle Unversehrtheit ist durch vertraute männliche Bezugspersonen bedroht, nicht durch einen Kampf wie zwischen zwei Männern: Im geheimen, nicht in der Öffentlichkeit wird ihr Gewalt angetan, ein Anlaß fehlt; Ziel ist nicht das letztlich spielerische Kräftemessen, sondern ein Vergewaltiger will der Frau gegenüber – für ihn keine ernstzunehmende Gegnerin – Macht spüren, weibliche Ohnmacht auskosten, will beweisen, »wer hier das Sagen, das Handeln und Gewalthandeln hat, wer hier demütigt und wer gedemütigt wird, wer potentiell auslöschen und wer potentiell ausgelöscht werden kann« (Thürmer-Rohr 1989, 25 f.)

Frauen und Mädchen müssen sich bis heute Fragen nach der Glaubwürdigkeit ihrer Gegenwehr gegen männliche Gewalt gefallen lassen. Dies zeigt zum einen, daß die Männer nicht bereit sind, ihr historisches Privileg des Zugriffs auf den weiblichen Körper ohne Widerstand aufzugeben, weshalb sie jetzt, da sie sich für Gewaltübergriffe rechtfertigen und verantworten müssen, die Schuld auf die Frau abzuschieben versuchen. Es zeigt zum anderen, wie wenig Bereitschaft in der Gesellschaft noch immer existiert, sich mit der Realität einer Vergewaltigung auseinanderzusetzen. Die wenigsten Frauen und noch weniger Männer können emotional und, entscheidend für eine Neueinstellung gegenüber vergewaltigten Frauen und Mädchen, inhaltlich das Geschehen erfassen, weshalb sie wider-

---

* Wiebke Steffen, »Gewalt gegen Frauen und Mädchen im sozialen Nahraum: Konsequenzen aus der Neubewertung eines alten Problems«, System Familie (1990) 3, S. 88–96

sprüchliches, nicht eindeutiges Verhalten ausmachen, Taktieren, scheinbares Einverständnis, das aber logisch war für die um ihr Überleben kämpfende Frau.

Frage 5: Provozieren Mädchen und Frauen durch ihr Verhalten Männergewalt?

Klassische Illustration dieser Vorstellung sind Minikleid, grellgeschminktes Gesicht, schwingender Po, herausfordernder Blick; daher auch die häufige Ablehnung von Müttern, wenn sich ihre Töchter dafür entscheiden.»Wenn ein Mädchen, eine Frau so herumläuft, zieht sie doch die Aufmerksamkeit eines (potentiellen) Vergewaltigers erst auf sich«, so ein klassischer Ausspruch. In platter Umkehrung heißt das: Gäbe es keine Miniröcke, grelle Schminke, hohe Absätze, keine Frauen ohne männliche Begleitung, gäbe es auch keine Vergewaltigungen, keine Vergewaltiger – eine These, die mit keinen Fakten zu belegen ist. Miniröcke, Schminke und Frauen ohne männliche Begleitung gab es die längste Zeit der Frauengeschichte gar nicht, männlicher Gewalt waren Frauen dennoch ausgesetzt. Außerdem steckt in einer solchen These die (nicht selten vertretene) Vorstellung vom Mann als reinem Triebwesen, das seine Sexualität nicht unter Kontrolle habe, jedenfalls beim Anblick bestimmter Frauen(typen). Darauf mag sich vielleicht ein Mann zu seiner Verteidigung berufen, Frauen sollten Männern diese »Entschuldigung« keinesfalls zu seinen Gunsten durchgehen lassen.

Elternbeiräte organisieren in letzter Zeit wiederholt an Schulen Kurse zur Selbstverteidigung für Schülerinnen. Mütter vor allem sind um die Sicherheit ihrer Töchter besorgt. Ihre Bereitschaft, mit den Heranwachsenden über Gefahren und Schutzvorkehrungen zu sprechen, stößt aber oft auf Grenzen: eigene Ängste, unverarbeitete Erinnerungen an Gewalterfahrungen oder an ein geringes Gespür für Gefahr, wie sie es bei ihren Töchtern wahrzunehmen meinen, mangelndes Wissen um körperliche Verteidigungsmöglichkeiten wie um männliche Gewalt und ihre Begründungszusammenhänge. Zu letzterem gehört eben auch das tradierte Vorurteil, das in Frage 5 anklingt und das noch heute Frauen zusammen mit anderen falschen Vorstellungen an die nächste Generation weitergeben. Das trägt dazu bei, daß die Gewalttaten nicht angezeigt werden, daß die Frauen und Mädchen selbst wie das Umfeld die (Mit-)Schuld bei den Opfern suchen.

In allen fünf Fragen klingen Vorurteile an über Frauen und Mädchen und ihre Persönlichkeit, über männliche Gewalt und ihre Ursachen: »Weil Frauen so sind, wie sie sind, fügen Männer ihnen Unrecht und Gewalt zu.« Es sind Vorurteile, die von Frauengeneration zu Frauengeneration (wie unter Männern) weitergegeben wurden; und leider geschieht es weiterhin. Gegen solche Vorurteile legt jede Frau öffentlich Protest ein, die, wie es immer häufiger geschieht, eine Anzeige wagt. Der größte Teil der Frauen befürwortet dies im Falle einer Vergewaltigung, allerdings in erster Linie, wenn ein Unbekannter der Täter war. Ob sie selbst als Betroffene Anzeige erstatten würden, wissen viele nicht. Die für den Gerichtsprozeß nicht zu Unrecht befürchteten Erniedrigungen sind eines der meistgenannten Argumente dagegen. Grundvoraussetzung für eine Anzeige muß in der Tat sein, daß die Klägerin psychologische Beratung, die persönliche Unterstützung vertrauter Menschen, rechtlichen Beistand und auch physischen Schutz für sich sichergestellt hat; im Unterschied beispielsweise zu den USA muß sich in Deutschland eine Frau all dies mühsam selbst organisieren.

So schwierig auch die Prozesse für die betroffenen Frauen sein können, es sind vor allem die Anzeige und die Gerichtsverhandlung, die das öffentliche Unrechtsbewußtsein gegenüber der alltäglichen Gewalt gegen Frauen und Mädchen fördern können. Damit Frauen und Mädchen männliche Gewalt nicht länger als gegebenes Schicksal hinnehmen und nicht länger selbst unhinterfragt die oben besprochenen Vorurteile verinnerlichen und weitergeben, braucht es Aufklärung und Information für alle Frauen und Mädchen (und auch Männer und Jungen) sowie die Verarbeitung der eigenen Ängste und Phantasien. Dabei ist besonders wichtig, daß Mütter, gerade angesichts ihrer wachsenden Bereitschaft, mit ihren Töchtern über das Thema (Männer-)Gewalt und Schutzvorkehrungen zu sprechen, ihr Wissen überprüfen, auf den aktuellen (Forschungs-)Stand bringen, Defizite auffüllen.

Eine der beliebtesten Fehlinformationen neuester Zeit ist im übrigen die Vorstellung, daß Frauen in Seminaren und Kursen oder mit Hilfe von Büchern Kräfte und Techniken entwickeln könnten, Männern im gegebenen Fall nicht zuletzt oder gar triumphierend mit ihrem Körper entgegentreten, sich sozusagen wie ein Mann im Kampf mit ihnen messen zu können. Eine Konzeption, der dieses Buch nachdrücklich entgegenwirken will, weil sie für viele Frauen kein realistisches Ziel ist. Wie bereits im Abschnitt über die Techniken körperlicher Verteidigung, »Die eigenen Grenzen verteidigen«, geschehen, sei hier noch einmal betont: Frauen können und sollen sportlich tätig sein, ein Körpergefühl entwickeln und letztlich auch ein Bewußtsein dafür, daß ihr Körper sehr wohl auch als Waffe zur eigenen Verteidigung eingesetzt werden kann. Sie sollten sich aber stets ohne Minderwertigkeitsgefühl vor Augen halten: Die weibliche Konstitution ist eine andere als die männliche; im »Nahkampf« entscheidet gegebenenfalls die Körperkraft, der die Frau keine entsprechende Muskelkraft, aber ihre Wendigkeit, Schnelligkeit, Reaktionsfähigkeit entgegenzusetzen hat. Vorrang für die weibliche Selbstverteidigung hat also die verbale Selbstbehauptung, die Verhinderung eines Kampfes mit allen Mitteln. Ist aber doch einmal die Grenze zur körperlichen Auseinandersetzung überschritten worden, muß sich der Einsatz der weiblichen Körpertechniken und körperlichen Gegenwehr darauf richten, den Kampf zu beenden, sich die Chance zur Flucht zu verschaffen.

Literatur

Barry, Kathleen: Die sexuelle Versklavung der Frauen, Berlin 1983.

Brownmiller, Susan: Gegen unseren Willen. Vergewaltigung und Männerherrschaft, Frankfurt 1988.

Caignon, Denise, Gail Groves (Hg.): Schlagfertige Frauen, Berlin 1990.

Conroy, Mary, Edward Ritvo: Die Selbstverteidigung der Frau. Praktische und psychologische Schulung, Stuttgart 1986.

Elliott, Michele: So schütze ich mein Kind vor sexuellem Mißbrauch, Gewalt und Drogen, Stuttgart 1991.

Gerhart, Ulrike, Anita Heiliger, Annette Stehr (Hg.): Tatort Arbeitsplatz. Sexuelle Belästigung von Frauen, München 1992.

Richter, Ursula: Die Rache der Frauen. Formen weiblicher Selbstbehauptung, Stuttgart 1991.

Sander, Helke, Barbara Johr (Hg.): BeFreier und Befreite. Krieg, Vergewaltigungen, Kinder, München 1992.

Sichtermann, Barbara: Wer ist wie? Über den Unterschied der Geschlechter, Berlin 1987.

Stechert, Kathryn: Frauen setzen sich durch. Leitfaden für den Berufsalltag mit Männern, Frankfurt 1991.

Thürmer-Rohr, Christine: Vagabundinnen. Feministische Essays, Berlin 1987.

Thürmer-Rohr, Christine, Carola Wildt u. a. (Hg.): Mittäterschaft und Entdeckungslust. (Studienschwerpunkt Frauenforschung am Institut für Sozialpädagogik an der TU Berlin), Berlin 1989.

Danksagung

Für dieses Buch konnte ich die vielen Erfahrungen und Berichte von Frauen und Mädchen aus meinen Kursen zur Selbstverteidigung und Selbstbehauptung verwerten. Alle Namen in den Fallgeschichten sind frei erfunden.

Frau Dr. Beatrix Körner war »sprachliche Fachfrau« für dieses Buch. Mit Einfühlung und Engagement trug sie dazu bei, den Text für die Leserinnen anschaulich zu gestalten.

Frau Ebtehag Becheir fotografierte. Ihre präzisen Aufnahmen zeigen Techniken der Selbstverteidigung, die von meinem Mann und mir dargestellt wurden.

Serie Piper

FRAUEN

1387

1422

1773

Zwei Drittel aller Psychopharmaka werden von Frauen genommen – und viele von ihnen werden unmerklich und ohne jede Vorwarnung tablettensüchtig. Um Wege aus der Sucht geht es in diesem umfassenden Aufklärungsbuch zum Tablettenmißbrauch bei Frauen.

Sieben Frauen alkoholabhängiger Männer berichten über ihren Alltag, ihre Ängste und Hoffnungen. Ein hilfreiches Buch für Frauen, die im gleichen Teufelskreis stehen.

Mit 21 wurde Jill Saward bei einem Raubüberfall sexuell brutal mißbraucht. Ihre Peiniger kamen mit milden Strafen davon. Dies ist eines der wenigen veröffentlichten persönlichen Zeugnisse eines Vergewaltigungsopfers.

SERIE PIPER

FRAUEN

1330

1476

1226

Die Journalistin Sibylle Plogstedt ist – wie viele Kinder der Nachkriegsgeneration – ohne Vater bei der Mutter aufgewachsen. Jahre nach dem Tod des ihr völlig fremden Mannes rekonstruiert sie – aus Bildern, Dokumenten und den Erzählungen ihrer Halbbrüder – das Bild ihres Vaters, den sie nun nicht mehr idealisieren muß.

Iris Galey war 14, als sie das schreckliche Geheimnis preisgab: Zwei Tage später erschießt sich ihr Vater, der sie jahrelang sexuell mißbraucht hatte. 40 Jahre danach macht sie uns zu Zeugen einer verratenen Kindheit, die wie ein Alptraum ihr späteres Leben zeichnet. Iris Galey ist heute in der Inzest-Survivers-Bewegung mit großem Engagement tätig.

Was läuft in den 90er Jahren schief in der Liebe und warum? In Shere Hites neuem Report ist in allen Berichten eines unübersehbar: Im Gefühlsbereich gibt es noch keine Gleichberechtigung! Nach Meinung der Autorinnen hat dennoch der Mythos vom »weiblichen Masochismus« ausgedient: Frauen lieben – aber nicht um jeden Preis. Sie schließen Kompromisse – aber keine faulen . . .

SERIE PIPER

FRAUEN

1473

838

1485

1323

1696

1738